독자의 1초를
아껴주는 정성을
만나보세요!

세상이 아무리 바쁘게 돌아가더라도 책까지 아무렇게나 빨리 만들 수는 없습니다.

인스턴트 식품 같은 책보다 오래 익힌 술이나 장맛이 밴 책을 만들고 싶습니다.

땀 흘리며 일하는 당신을 위해 한 권 한 권 마음을 다해 만들겠습니다.

마지막 페이지에서 만날 새로운 당신을 위해 더 나은 길을 준비하겠습니다.

 길벗 IT 도서 열람 서비스

도서 일부 또는 전체 콘텐츠를 확인하고 읽어볼 수 있습니다.
길벗만의 차별화된 독자 서비스를 만나보세요.

더북(TheBook) ▸ https://thebook.io

더북은 (주)도서출판 길벗에서 제공하는 IT 도서 열람 서비스입니다.

그림으로 이해하는 네트워크 구조와 기술
STRUCTURE AND TECHNOLOGY OF NETWORK

초판 발행 · 2023년 7월 20일
초판 2쇄 발행 · 2023년 11월 13일

지은이 · 나카오 신지
옮긴이 · 김성훈
발행인 · 이종원
발행처 · (주)도서출판 길벗
출판사 등록일 · 1990년 12월 24일
주소 · 서울시 마포구 월드컵로 10길 56(서교동)
대표전화 · 02)332-0931 | **팩스** · 02)323-0586
홈페이지 · www.gilbut.co.kr | **이메일** · gilbut@gilbut.co.kr

기획 및 책임편집 · 이다빈(dabinlee@gilbut.co.kr) | **디자인** · 장기춘 | **표지 일러스트** · 피클첨스
제작 · 이준호, 손일순, 이진혁, 김우식 | **영업마케팅** · 임태호, 전선하, 차명환, 박민영, 지운집, 박성용
영업관리 · 김명자 | **독자지원** · 윤정아, 최희창

교정교열 · 김윤지 | **전산편집** · 박진희 | **출력 · 인쇄 · 제본** · 예림 인쇄

ISBN 979-11-407-0518-4   93000
(길벗 도서번호 080358)

정가 22,000원

독자의 1초를 아껴주는 정성 길벗출판사

(주)도서출판 길벗 | IT교육서, IT단행본, 경제경영서, 어학&실용서, 인문교양서, 자녀교육서 www.gilbut.co.kr
길벗스쿨 | 국어학습, 수학학습, 어린이교양, 주니어 어학학습, 학습단행본 www.gilbutschool.co.kr

페이스북 · www.facebook.com/gbitbook

그림으로 이해하는
네트워크 구조와 기술

나카오 신지 지음

김성훈 옮김

길벗

IT를 하는 사람이라고 하면 가장 기본이 네트워크가 아닐까 합니다. 통신이 없는 컴퓨터는 반쪽짜리일 것입니다. '그림으로 이해하는 시리즈'는 이해하기 쉬운 설명과 풍부하게 넣은 그림으로 정말 쉽게 네트워크를 알려 줍니다. 다양한 네트워크 기술과 프로토콜, 최신 기술을 실생활에 빗대 예시로 소개합니다. 이 책을 읽고 난 후 주변을 둘러보면 보이는 시각이 달라질 것입니다.

이장훈_데브옵스 엔지니어

네트워크를 더욱 잘 이해하기 위해 〈그림으로 이해하는 네트워크 구조와 기술〉 베타 리더를 신청하게 되었습니다. 네트워크의 구조뿐만 아니라 기술까지 알 수 있었고, 저의 실생활에서 당장 궁금했던 점들을 시원하게 해결해 주었습니다. 또 네트워크와 관련된 용어가 많이 나오는데, 〈그림으로 이해하는 네트워크 용어〉도 읽었던 터라 공부했던 기억을 토대로 연결 지으면서 술술 읽어 나갈 수 있었습니다. 쉽게 공부하고 싶을 때 '그림으로 이해하는 시리즈'로 네트워크 공부를 시작하길 추천합니다.

송서연_소프트웨어학과 대학생

네트워크 관련 공부를 해 본 적이 없어 기초를 다지고자 이번에 〈그림으로 이해하는 네트워크 구조와 기술〉 베타 리더를 신청하게 되었습니다. 자세한 설명과 풍부한 그림 덕분에 평소에 그냥 지나쳤던 용어들을 제대로 공부할 수 있었습니다. 기초적인 네트워크 용어뿐만 아니라 최신 기술인 클라우드까지 학습할 수 있어 뜻깊은 시간이었습니다.

이정민_한양사이버대학교 응용소프트웨어공학과 3학년

이 책은 네트워크 계층 구조와 각 계층에서 어떤 일이 발생하는지 쉽게 설명합니다. 네트워크의 각 계층에서는 무엇을 하고 그 계층은 왜 필요한지 그림으로 쉽게 설명하고 있어 전반적인 네트워크 흐름을 파악할 수 있습니다. 언제나 네트워크와 밀접하게 닿아 있는 백엔드 개발자나 시스템 관리자뿐만 아니라, 분야를 막론하고 IT 업계에 종사하는 모든 사람에게 이 책을 추천합니다.

홍수영_LINE

인공지능, 사물 인터넷 등 모든 사물에 네트워크가 연결되지 않고는 존재할 수 없는 환경에 살고 있지만 많은 사람이 네트워크 구조 및 기술을 잘 모르고 있다고 생각합니다. 특히 클라우드 환경에서도 네트워크가 중요한데, 이 책은 네트워크 개념과 기술을 핵심만 짚어서 그림으로 알려 주고 있습니다. 또 이 책은 온프레미스, 클라우드, 사물 인터넷에서 사용하는 네트워크 용어를 잘 설명하고 있습니다. 네트워크는 이해하기 어렵다고 생각했는데 이 책으로 하나씩 학습하면서 네트워크의 전반적인 기술을 정리할 수 있었습니다.

네트워크, 어렵지 않습니다. 이 책은 네트워크를 시작하는 데 좋은 안내서가 될 것이라고 생각합니다. 개발자, 네트워크, 클라우드를 공부하는 모든 사람에게 추천합니다.

여병훈_엔티소프트 CTO

네트워크 구조를 하나하나 상세하고 친절하게 소개하고 있는 책입니다. 네트워크 구조와 계층을 구분할 수 있게 섬세하게 설명한 것이 특징입니다. 네트워크가 추상적으로 다가왔거나 용어를 모호하게 알고 있었다면 개념을 명확하게 이해하는 데 도움이 될 것 같습니다. 또 그림을 풍부하게 사용했기에 실무에서 흔히 접하는 클라우드, DNS, HTTP(S) 등 용어를 직관적으로 이해할 수 있습니다. 네트워크 지식을 견고히 다지고 싶은 사람, 다시 복기해 보고 싶은 사람에게 추천합니다.

문주영_프런트엔드 개발자

이 책은 초보자도 네트워크 기초 지식을 이해할 수 있게 기획되었습니다. 다만 네트워크는 통신 기술뿐만 아니라 물리나 기하학 등 학문과도 관련이 있어서 대수나 이산 수학을 포함하여 이론은 체계적으로, 기술은 실무적으로 학습할 필요가 있습니다.

학문에 왕도는 없기에 이런 학습이나 연구를 피해 갈 수는 없습니다. 하지만 네트워크를 배우고 싶거나 알고 싶을 때 길이 하나만 있지는 않습니다. 물론 네트워크 지식이나 기술을 깊이 있게 이해하려면 꾸준한 학습도 필요하겠지만, 그 시작이나 도입은 좀 더 가볍고 간단해도 좋지 않을까요?

네트워크 지식과 기술에 일단 발을 들여놓으면 발견할 것이 많아 흥미롭습니다. 네트워크는 현대 사회에서 없어서는 안 될 인프라이며, 네트워크 지식과 기술은 사회를 살아가는 데 필수적인 문해력입니다. 작은 관심과 계기를 살리고 가능성을 확장하고 싶다면 시야를 넓혀 지식이나 기술을 습득해 나가는 것이 효과적입니다.

따라서 이 책에서는 현재 우리 일상이나 업무에 없어서는 안 될 인터넷과 그 바탕을 이루는 이더넷 및 TCP/IP로 네트워크를 한정해서 그 구조와 원리를 설명합니다. 업무에 도움이 될 수 있도록 클라우드, SDN 등 최신 트렌드와 용어도 정리했습니다.

또 이 시리즈의 콘셉트이기도 한데, 그림이나 그래프를 각 주제마다 풍부하게 넣어 기술을 이해하는 데 도움이 되도록 고려했습니다. 본문에 다 담지 못한 용어 설명이나 추가 정보 등은 용어 노트나 ONE POINT 등 코너를 만들어서 보충했습니다.

다만 이 책은 이런 형식으로 구성하여 가독성과 이해도를 우선으로 했기 때문에 학술적이고 체계적으로 학습하기에는 충분하지 않을 수도 있습니다. 이 책을 읽고 네트워크에 흥미가 생겨 관련 지식을 한층 더 깊게 공부하고 싶을 때는 전문 기술서나 학술서로 발전해 나가면 좋을 것입니다. 이 책이 네트워크 지식과 기술을 개괄적으로 이해하여 생활과 업무에 활용하고, 더 많은 지식과 기술을 습득하는 발판이 되었으면 합니다.

나카오 신지

우리는 인터넷을 통해 세상과 소통하는 시대에 살고 있습니다. 인터넷과 무선 통신 기술의 발전으로 세계 어디에서나 손쉽게 정보를 공유하고 서비스를 이용할 수 있습니다. 네트워크가 없는 생활은 상상하기도 힘듭니다. 그만큼 네트워크는 현대 사회를 연결하고 지탱해 주는 기초가 됩니다.

네트워크로 서로를 연결하려면 다양한 기술이 필요합니다. 이 책은 네트워크 기본 개념부터 시작하여 데이터 전송 원리, 네트워크 구성 요소, 프로토콜, 네트워크 종류, 인터넷 구조, 클라우드 컴퓨팅, 모바일 통신, 보안 등에 이르는 다양한 기술을 다루면서 포괄적인 네트워크 지식을 제공합니다. 네트워크의 동작 원리뿐만 아니라 클라우드 컴퓨팅이나 모바일 네트워크 같은 새로운 기술과 동향도 다루고 있으니 네트워크에 흥미가 있는 독자라면 이 책에서 폭넓게 정보를 얻어 갈 수 있을 것입니다.

이 책의 가장 큰 장점은 동작 원리를 직관적으로 이해할 수 있도록 그림과 도표를 충분히 활용한다는 것입니다. 각 계층에서 네트워크 프로토콜이 어떻게 동작하는지, 데이터가 어떤 모습으로 케이블 및 전파를 타고 목적지에 전달되는지 그림을 통해 자연스럽게 머릿속에 떠올릴 수 있습니다.

네트워크의 세계는 끊임없이 진화하고 발전하고 있습니다. 이 책으로 네트워크 지식을 확장하고, 현대 사회에서 네트워크의 중요성과 역할을 인식할 수 있길 바랍니다. 여러분의 학습과 성장에 이 책이 도움이 되길 기대합니다.

2023년 7월

김성훈

1^장

네트워크 기본 개념을 알아보자

'네트워크'라는 용어는 다양한 상황에서 사용하는데, 네트워크는 대부분 연결 대상인 노드와 각 노드를 연결하는 선으로 구성됩니다. 이 장에서는 네트워크의 구조를 살펴보기에 앞서 용어의 의미와 기본 구조, 연결 방식, 구성 요소 등을 학습하겠습니다.

01 네트워크 의미

네트워크란

'네트워크'는 일상생활에서도 흔히 사용하는데, 상황에 따라 다양한 의미로 씁니다. 여기에서는 기술적 관점에서 네트워크를 살펴보겠습니다.

기술적 관점에서 바라본 네트워크

네트워크는 학문적으로 '어떤 대상과 다른 대상을 특정한 장치나 규칙으로 연결한 유기적 시스템'입니다. 네트워크로 연결되는 대상에는 '사람'이나 '사물'도 들어가지만, 기술적 관점에서 네트워크의 연결 대상은 '컴퓨터나 스마트폰 등 기기나 시스템'을 가리킵니다.

주변에서 흔히 볼 수 있는 네트워크로는 인터넷, 휴대전화망, 은행 ATM 등이 있습니다. 인터넷은 컴퓨터나 스마트폰 등을 연결한 네트워크를 의미합니다. 휴대전화망은 4G/5G(6장 65절 참조)라는 무선 통신 기술을 이용하여 전화 통화나 통신을 하는 네트워크(모바일 네트워크)입니다. 휴대전화망은 인터넷에도 연결되어 있습니다.

네트워크의 기본 구성과 용어

네트워크에서는 연결되는 대상을 '노드'라고 합니다. 네트워크는 '노드의 연결'을 의미하며, 네트워크라고 부르려면 노드가 반드시 다른 하나 이상의 노드와 연결되어 있어야 합니다.

노드를 연결하는 방식을 '네트워크 토폴로지'라고 합니다(1장 02절 참조). 각 노드는 반드시 어떤 노드와 선(유선 또는 무선)으로 연결되어 있으며, 분리·독립된 단일 노드는 존재하지 않습니다. 각 노드의 기능이나 역할, 연결 방식이 네트워크의 종류와 구조를 결정합니다.

이런 네트워크의 특징은 전 세계 컴퓨터를 연결하는 인터넷을 이해할 때도 중요하므로 기억해 둡시다.

용어 노트

- 4G/5G: ITU(국제전기통신연합)가 책정한 휴대 전화 통신 규격이다. 세대별로 3G, 4G, 5G라고 한다. G는 세대(Generation)를 뜻한다.
- 무선 통신 기술: 전파에 음성이나 데이터 등 신호를 실어 통신하는 기술이다. 현재는 디지털 통신이 일반적이며, 음성이나 데이터는 모두 디지털 신호로 전송된다.
- 선: 노드를 유기적으로 연결하는 것. 매체라고도 한다.

▼ 그림 1-1 네트워크의 다양한 형태

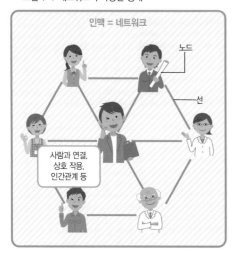

인맥 = 네트워크

노드

선

사람과 연결,
상호 작용,
인간관계 등

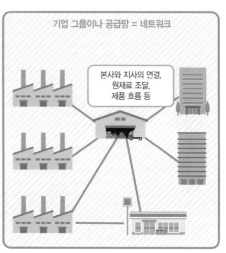

기업 그룹이나 공급망 = 네트워크

본사와 지사의 연결,
원재료 조달,
제품 흐름 등

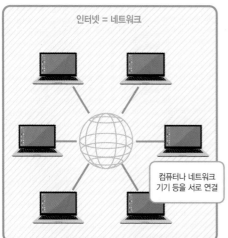

인터넷 = 네트워크

컴퓨터나 네트워크
기기 등을 서로 연결

휴대전화망 = 네트워크

휴대 전화나
스마트폰 등을
기지국으로 서로 연결

ONE POINT

데이터와 폴더의 연결도 네트워크

기술 용어에서 네트워크는 꼭 하드웨어를 연결하는 것을 의미하지는 않습니다. 예를 들어
AI 개발에 이용되는 신경망(NN)은 함수나 데이터의 연결을 소프트웨어로 구성한 것이라고
할 수 있습니다. 또 폴더의 계층 구조를 나타내는 다이어그램으로 '디렉터리 트리'가 있습니
다. 이 디렉터리 트리의 트리 구조도 노드가 상위 폴더(상위 디렉터리)와 연결되므로 네트워
크라고 할 수 있습니다.

02 네트워크의 연결 형태와 종류
네트워크 연결 방법

네트워크는 기능이나 용도, 통신 수단 등에 따라 연결 형태가 다릅니다. 이런 연결 형태를 가리켜 '네트워크 토폴로지'라고 합니다. 네트워크의 기본 연결 형태를 살펴봅시다.

네트워크 토폴로지란

네트워크는 노드(각 컴퓨터와 서버 등)의 연결로 구성됩니다. 네트워크 토폴로지란 각 노드의 연결 방법이나 연결 형태를 의미합니다. 예를 들어 일대일이나 다대다 등 연결하는 상대의 수나 연결 방법 등에 따라 네트워크 토폴로지는 몇 가지 종류로 분류할 수 있습니다.

네트워크 토폴로지의 종류

네트워크 토폴로지에는 일반적으로 다음과 같은 종류가 있습니다.

- 라인형: 각 노드가 선형으로 연결된 네트워크
- 링형: 각 노드가 링 형태로 연결된 네트워크(토큰링 등)
- 스타형: 허브라고 하는 기점 노드에 모든 노드가 연결된 네트워크(허브를 이용한 이더넷 등)
- 버스형: 모선(버스) 한 줄에 모든 노드가 연결된 네트워크(**동축 케이블**을 사용한 이더넷 등)

- 트리형: 각 노드가 부모 혹은 자식 노드에 연결된 네트워크. 부모가 없는 노드는 루트(뿌리) 노드, 자식이 없는 노드는 리프(잎) 노드라고 한다(도메인 이름이나 파일 시스템 등).

- 메시형: 각 노드가 하나 이상의 노드와 임의로 연결된 네트워크. 그중 모든 노드가 모든 노드와 직접 연결된 것을 풀 메시(또는 풀 커넥트)라고 한다 (인터넷이나 각종 센서 네트워크 등).

용어 노트

- 허브: 노드 간 연결을 확보하는 장치. 집선 장치라고도 한다.
- 이더넷: 기기끼리 연결하는 LAN의 네트워크 규격(3장 29절 참조)이다. 전기적 성질이나 프로토콜(2장 05절 참조)은 IEEE 802.3으로 규정되어 있다.
- 동축 케이블: 버스형의 모선으로 사용되는 케이블이다. 심선이 한 줄이고 주위에 나일론 절연체가 있으며, 그 바깥쪽은 망선으로 덮혀 있다. 텔레비전 안테나의 케이블도 동축 케이블이라고 한다.
- 도메인 이름: 4장 44절 참조

♥ 그림 1-2 주요 네트워크 토폴로지

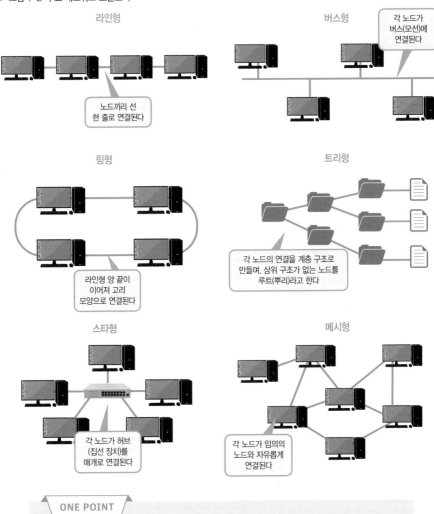

라인형

노드끼리 선 한 줄로 연결된다

버스형

각 노드가 버스(모선)에 연결된다

링형

라인형 양 끝이 이어져 고리 모양으로 연결된다

트리형

각 노드의 연결을 계층 구조로 만들며, 상위 구조가 없는 노드를 루트(뿌리)라고 한다

스타형

각 노드가 허브 (집선 장치)를 매개로 연결된다

메시형

각 노드가 임의의 노드와 자유롭게 연결된다

ONE POINT

복합형 네트워크

각 네트워크 토폴로지를 조합할 수 있으며, LAN처럼 소규모 네트워크를 제외하면 복합형 토폴로지를 사용하는 것이 일반적입니다. 예를 들어 휴대전화망은 기지국을 허브로 하는 스타형이지만, 기지국끼리는 메시형이나 라인형 등이 섞여 있습니다. 또 네트워크를 관리하는 방법이 물리적 연결 방법(토폴로지)과 반드시 일치한다고는 할 수 없습니다. 인터넷을 구성하는 라우터(2장 16절 참조)는 메시형이지만, 웹상의 도메인 이름(4장 44절 참조)은 루트 네임 서버를 정점으로 하는 트리형입니다.

03 네트워크 구성 요소
네트워크로 연결하는 데 필요한 것

네트워크를 구성할 때는 컴퓨터 이외에 서버, 라우터, 허브, 케이블 등이 필요합니다. 각 기기를 허브로 연결하는 것이 가장 기본적인 네트워크라고 할 수 있습니다.

네트워크를 구성하는 하드웨어 요소

네트워크에서 우선 눈에 보이는 하드웨어 요소부터 확인해 보겠습니다.

여기에서 네트워크는 사무실 내 컴퓨터나 서버 등이 연결된 가장 기본적인 것을 가정합니다. 이런 네트워크를 LAN(3장 28절 참조)이라고 합니다. WAN(3장 32절 참조)이나 인터넷 등은 기본적인 네트워크 구성을 이해하면 그 연장선상에서 생각할 수 있습니다. 여기에서 소개하는 기기 몇 가지는 2장에서 자세히 다루겠습니다.

허브나 라우터를 이용한 네트워크

각 기기를 네트워크로 연결하려면 허브(집선 장치)를 이용하여 네트워크 신호선끼리 접속을 확보해야 합니다. 단순한 기능만 하는 허브는 커넥터(2장 21절 참조)를 그냥 이어 줄 뿐이지만, 현재 허브라고 하는 제품은 네트워크상의 데이터를 해석해서 올바른 대상에만 연결하도록 되어 있습니다. 가장 기본적인 LAN은 기기가 허브로 연결된 네트워크를 의미하고, 이것을 세그먼트라고 합니다.

여러 개의 허브로 하나의 LAN을 구성할 수도 있습니다. 하나의 LAN을 다른 LAN과 연결할 때는 라우터(2장 16절 참조)를 이용합니다. 라우터는 LAN끼리 연결하는 기기입니다.

라우터는 수신한 신호가 자신이 관리하는 LAN 앞으로 온 것인지 판단해서 데이터를 LAN 내부로 받아들이거나 다른 라우터에 전달합니다. 자신이 관리하는 LAN의 내부 통신은 외부로 보내지 않고 LAN 내부에서 처리하며, 외부로 나가는 통신은 다른 라우터에 전송하여 처리를 맡깁니다.

용어 노트

- WAN: Wide Area Network의 약어. LAN(Local Area Network) 관련 용어로, 건물 내부와 외부 등 LAN보다 물리적으로 넓은 범위를 연결하는 네트워크를 가리킨다.
- 올바른 대상에만 연결: 연결 대상을 스위치처럼 전환하므로 스위칭 허브(2장 19절 참조)라고도 한다.

▼ 표 1-1 네트워크에 사용되는 주요 장치 및 도구

주요 기기 및 도구	용도 및 역할	참조
LAN 케이블	네트워크에서 신호(데이터)를 운반하고 컴퓨터와 네트워크 장비를 연결하는 물리적인 선이다.	2장 20절
스위칭 허브(스위치)	네트워크 신호를 중계하는 장치다. 여러 기기의 LAN 케이블을 연결할 수 있으며, 지정된 노드에만 신호를 보낸다. 스위치로 연결된 범위가 네트워크의 최소 단위다.	2장 19절
리피터	네트워크 신호를 중계하는 장치다. 여러 기기의 LAN 케이블을 연결할 수 있으며, 수신한 신호를 그대로 전송한다. 일반적으로 신호를 바로잡고 증폭해서 접속 거리를 늘릴 수 있다.	2장 18절
브리지	프로토콜(2장 05절 참조)이나 전송 원리가 다른 네트워크 사이에서 신호를 중계하는 장치. 신호 레벨, 변조 방식, 프로토콜 등을 변환한다.	–
네트워크 인터페이스 카드	네트워크 신호와 컴퓨터 내 신호를 변환하는 회로 기판이다.	–

◐ 계속

주요 기기 및 도구	용도 및 역할	참조
라우터	스위치로 묶인 네트워크(세그먼트)끼리 연결하는 장치다. 세그먼트 내부 통신과 외부 통신의 교통 정리(라우팅)를 한다.	2장 16절
게이트웨이	네트워크에 연결하는 접속점이다. 같은 프로토콜 내부에서 네트워크나 세그먼트 경계에 설치되어 패킷 출입을 제어한다. 특정 기술을 가리키는 용어는 아니고, 라우터나 서버 등 네트워크 장치라면 게이트웨이로 정의할 수 있다.	3장 32절

▼ 그림 1-3 네트워크 장치의 연결 예

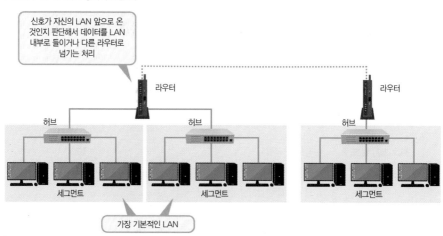

04 데이터 전송 원리
네트워크로 데이터 전송하기

기본적인 데이터 전송 방식과 데이터를 신호로 표현하는 방법을 알아봅시다. 이런 개념과 원리를 이용하면 네트워크별 특성이나 성능을 이해하기가 쉽습니다.

직렬 전송과 병렬 전송

데이터 전송 방식에는 직렬(serial) 전송과 병렬(parallel) 전송 두 종류가 있습니다. 직렬 전송은 하나의 신호선으로 펄스형 신호를 보내는 방식이며, 한 번에 1비트의 데이터를 보낼 수 있습니다. 반면에 병렬 전송은 8개나 16개처럼 여러 개의 신호선을 사용하여 한 번에 8비트나 16비트 단위로 데이터를 보낼 수 있습니다. 병렬 전송은 여러 개의 신호선을 사용하므로 장거리를 연결하는 네트워크에 적합하지 않습니다. 따라서 현재 통신 네트워크는 대부분 직렬 전송을 사용합니다. 직렬 전송은 이론적으로는 신호선 하나로 양방향 통신이 가능하지만 보통은 송신용(Tx)과 수신용(Rx) 신호선 이렇게 2개를 사용합니다.

비동기 통신과 동기 통신

통신의 시작과 끝에는 특별한 신호와 약속이 필요합니다. 그렇게 하지 않으면 데이터를 수신할 때 어디부터 어디까지가 데이터인지 알 수 없기 때문입니다. 통신을 시작하는 신호를 시작 비트(start bit), 종료하는 신호를 종료 비트(stop bit)라고 합니다. 시작 비트와 종료 비트가 있으면, 가령 0이 계속되는 데이터라도 신호가 없는 것인지 아니면 0이라는 데이터를 보내는 것인지 판단할 수 있습니다. 이처럼 시작과 종료 신호를 사용하는 통신 방식을 비동기 통신(start-stop synchronism: 조보 동기)이라고 합니다.

반면에 클럭이라는 동기 신호를 사용해서 데이터를 보내는 방식을 **동기 통신**이라고 합니다. 클럭 신호는 시계의 초침처럼 일정한 간격으로 보내는 신호입니다. 신호와 데이터는 클럭 신호의 펄스에 맞추어 전송됩니다.

용어 노트

- 펄스형: 일정 시간 간격으로 반복되는 파형의 신호 상태다.
- 1비트: 2진수 한 자리를 1비트로 표현한다.
- 8비트나 16비트: 병렬 전송에서는 다수의 신호선을 사용해서 데이터를 전송한다. 8비트 데이터를 다룰 때는 신호선을 8개, 16비트 데이터를 다룰 때는 신호선을 16개 사용한다.
- 동기 통신: 데이터를 전송할 때 일정한 간격으로 데이터를 읽도록 고정 간격(주파수)으로 전송되는 펄스 신호다.

❤ 그림 1-4 주요 데이터 전송 방식

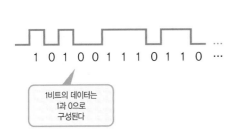

직렬 전송

1비트의 데이터는
1과 0으로
구성된다

병렬 전송

8비트

비동기 통신

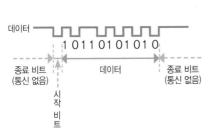

데이터

종료 비트
(통신 없음)

데이터

종료 비트
(통신 없음)

시작 비트

동기 통신

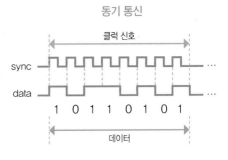

클럭 신호

sync

data

데이터

❤ 표 1-2 주요 데이터 전송 방식의 종류

전송 방식	특징
직렬 전송	하나의 신호선으로 데이터를 1비트씩 송수신한다.
병렬 전송	다수의 신호선으로 데이터를 여러 비트씩 송수신한다.
비동기 통신	시작 비트와 종료 비트를 사용해서 데이터를 송수신한다.
동기 통신	클럭 신호를 사용해서 데이터를 송수신한다.
반이중 통신	무전기처럼 송신과 수신이 일방 통행인 통신 방식이다.
전이중 통신	전화처럼 송신과 수신이 동시에 되는 통신 방식이다.

계산기나 키보드의 숫자 키패드와 스마트폰이나 전화의 키패드는 숫자 배치가 다릅니다. 어째서 그럴까요?

컴퓨터와 전화는 따로따로 개발되었다

이유가 다양해서 정확히는 알 수 없지만, 기술적 면에서 원래 컴퓨터와 통신 네트워크는 별개의 기술로 개발되었기 때문입니다.

지금이야 통신 네트워크 이용을 전제로 컴퓨터가 개발되고 있지만, 국제 규격이나 각국 부처 등은 컴퓨터와 통신 네트워크로 나뉘어 있습니다. 구체적으로는 컴퓨터 관련 규격은 IEEE(미국전기전자학회)가 정한 것이 많고, 전화 등 통신 관련 규격은 ITU(국제전기통신연합)의 표준화 부서가 담당하고 있습니다.

펄스를 발생시키는 순서

숫자 배열의 차이는 이들 규격의 차이로도 설명할 수 있지만, 기술적으로 깊이 파고들면 초기 전화번호는 펄스 신호를 발신하는 횟수를 나타내며 숫자가 아닙니다. 한편 키보드의 숫자 패드는 숫자 데이터 자체를 다룹니다.

초기 전화에서 '1'은 전화선의 펄스 1개로 표현했습니다. '9'는 펄스 9개, '0'은 펄스 10개로 표현했습니다. 이 메커니즘을 이용해서 번호에 대응하는 펄스를 발생시키는 장치로 오래된 전화기에서 볼 수 있는 '다이얼(회전하는 숫자판)'이 고안되었습니다. 다이얼 구멍에 손가락을 걸고 돌리면, 다이얼이 되돌아올 때 펄스를 발생시키므로 0은 1 앞이 아니라 9 다음에 배치되었습니다.

이 다이얼에서 사용하던 숫자 배열을 전화의 키패드 배치에도 그대로 반영했습니다. 가로쓰기로 왼쪽부터 오른쪽, 위에서 아래 순서입니다.

계산기나 키보드는 숫자 배열 순서대로 아래에서 0, 1, 2, ……, 9를 배치한 것으로 보입니다.

2^장

데이터를 주고받는
원리를 알아보자

컴퓨터, 서버 등과 데이터를 교환하려면 프로토콜이라는 약속이
필요합니다. 또 올바른 대상에 전달하는 식별자 등도 필요합니다.
이 장에서는 데이터를 주고받는 기본적인 원리와 통신에 이용되
는 프로토콜이나 네트워크 기기의 특징을 설명합니다.

05 프로토콜
통신하는 데 필요한 약속

네트워크에서 프로토콜은 통신 규약을 의미합니다. 프로토콜에는 통신할 데이터의 구성, 데이터를 확실하게 주고받는 절차 등 각종 결정 사항과 기준이 정의되어 있습니다.

통신 규약인 프로토콜

네트워크로 데이터를 주고 받으려면 송신 측과 수신 측이 서로를 인식하고 있어야 합니다. 케이블이나 컴퓨터의 내부는 그저 데이터가 흐르고 있을 뿐이므로 '어느 부분이 목적지 데이터인지, 어느 부분이 신호 데이터인지, 어디서부터 어디까지가 주고받고자 하는 데이터 본체인지' 약속이 필요합니다. 이 약속이 바로 프로토콜입니다.

같은 프로토콜을 사용하면 다른 기기 간에도 통신할 수 있습니다. 하지만 프로토콜이 다르면 기기가 같아도 서로 통신할 수 없습니다.

프로토콜은 일반적으로 ISO(국제표준화기구)나 IEEE(미국전기전자학회) 등 표준화 단체나 업계 단체, 컨소시엄에서 논의와 검증을 거쳐 결정합니다. 기업이 사내에서 사용하는 제품을 위해 자체적으로 정의하는 경우도 있습니다. 또 인터넷에서는 RFC(Request For Comments)라는 독자적인 정의 방식이 있습니다.

프로토콜의 종류

프로토콜에는 2장 06절에서 설명한 네트워크 계층별로 다양한 종류의 표준과 규약이 있습니다. 예를 들어 LAN 케이블로 연결된 네트워크는 이더넷 프로토콜로 통신합니다. 인터넷에서 사용되는 프로토콜에는 IP, TCP, UDP 등 프로토콜이 있습니다. 이외에도 이메일을 수신하는 POP, 이메일을 전송하는 SMTP, 웹 사이트에 접속하는 HTTP와 HTTPS, URL의 도메인 이름을 IP 주소로 변환하는 DNS 등 각종 애플리케이션을 위한 프로토콜도 있습니다.

> **용어 노트**
>
> - ISO: International Organization for Standardization의 약어. 세계 표준이 되는 규격을 제정하는 기관으로 ISO가 제정한 규격을 ISO 표준이라고 한다.
> - IEEE: Institute of Electrical and Electronics Engineers의 약어. 전기 · 전자 분야 기술자들이 만든 비영리 단체로 국제회의, 규격 표준화, 교육 활동 등을 한다.
> - RFC: 인터넷 기술 사양 등에 대한 문서로, IETF가 표준 제안을 요약한다. 이를 표준으로 인정할지 여부는 인터넷상에서 논의해서 결정한다.

❤ 그림 2-1 통신에 필요한 프로토콜

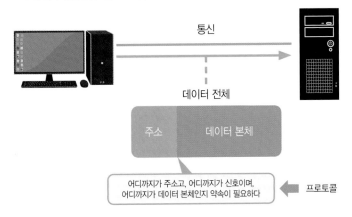

▼ 표 2-1 주요 프로토콜

프로토콜	개요 및 용도	참조
IEEE 802.3	IEEE가 규정하는 이더넷 규격의 프로토콜. 랜 케이블 등에 사용된다.	3장 31절
IEEE 802.11	IEEE가 규정하는 무선 LAN 규격의 프로토콜. Wi-Fi로 보급되어 있다.	3장 30절~3장 31절, 6장 68절
IP(Internet Protocol)	여러 네트워크를 연결하는 프로토콜. 인터넷을 구성하고 있다.	2장 08절, 4장 39절
ARP(Address Resolution Protocol)	IP 주소에서 각 기기가 가지고 있는 MAC 주소를 알아내는 프로토콜	2장 12절
TCP(Transmission Control Protocol)	인터넷 등에서 상위 계층과 신뢰성을 높여 통신하는 프로토콜	2장 08절, 4장 39절
UDP(User Datagram Protocol)	인터넷 등에서 상위 계층과 속도와 편의성을 우선하여 통신하는 프로토콜	2장 08절, 4장 39절
POP(Post Office Protocol)	이메일 수신 프로토콜	4장 39절~4장 40절
SMTP(Simple Mail Transfer Protocol)	이메일 송신 프로토콜	4장 39절~4장 40절
HTTP(HyperText Transfer Protocol)	웹 브라우저와 웹 서버 간 통신 프로토콜	4장 39절, 4장 43절
DNS(Domain Name System)	DNS 서버에 IP 주소를 문의해서 도메인 이름을 IP 주소로 변환하는 프로토콜	4장 39절, 4장 44절

06 네트워크 계층
효율적으로 통신하기 위한 계층 구조

하드웨어, 프로토콜, 애플리케이션 계층으로 네트워크를 나누어 생각하는 모델이 있습니다. 네트워크의 계층(레이어) 및 프로토콜 스택과 같은 용어를 기억해 두세요.

계층별로 나누어 처리해서 낭비를 없앤다

컴퓨터 메일 앱에서 이메일을 보내고, 스마트폰의 메일 앱에서 이메일을 열어 보는 상황을 상상해 봅시다. 이메일을 보내고 상대방이 열어 보기까지 사용되는 네트워크나 프로토콜, OS, 애플리케이션은 모두 다릅니다. 애플리케이션이 데이터를 정확하게 전송할 수 있도록 프로그램되어 이메일을 송수신할 수 있지만, 각 애플리케이션에서 이 모든 변환 처리를 수행한다면 프로그램은 복잡해지고 낭비도 많아질 것입니다.

그래서 네트워크를 하드웨어, 프로토콜, 애플리케이션이라는 계층(레이어)으로 나누어 처리를 분담합니다. 예를 들어 신호를 하드웨어 계층에서 처리하면 그 위의 계층에서는 처리할 필요가 없어집니다.

프로토콜 스택의 처리 원리

네트워크에서 다양한 프로토콜이 사용되는데, 프로토콜 차이는 프로토콜 스택이라는 계층 구조를 이용해서 처리합니다. 프로토콜에는 일반적으로 헤더와 페이로드라는 요소가 있습니다. 헤더는 프로토콜 정보로, 우편으로 치자면 우편물 주소나 종류(편지, 엽서, 특급) 같은 정보를 의미합니다. 페이로드는 전송하려는 데이터 그 자체입니다.

하위 계층 프로토콜의 페이로드에 상위 계층의 헤더와 페이로드를 포함시키면, 해당 프로토콜 계층은 자신의 헤더 정보만 해석해서 페이로드를 상위 네트워크에 전달합니다. 페이로드는 상위 계층의 헤더와 페이로드로 되어 있기 때문에 상위 네트워크의 프로토콜이 제대로 처리할 수 있습니다.

용어 노트

- 프로토콜: 통신을 수행하는 규칙이나 절차 등을 담고 있는 통신 규약이다. 헤더와 페이로드의 형식, 필요한 정보, 데이터 교환 절차 등이 규정되어 있다.
- 프로토콜 스택: 어떤 프로토콜의 페이로드에 다른 프로토콜의 헤더와 페이로드가 들어가 계층 구조처럼 되어 있는 상태. 프로토콜은 자신의 헤더를 처리하고 상위 네트워크 프로토콜에 페이로드를 전달한다.

▼ 그림 2-2 네트워크 계층 구조를 이용한 통신 이미지

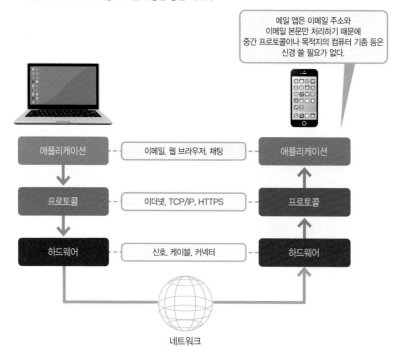

▼ 그림 2-3 프로토콜 스택을 활용한 통신 이미지

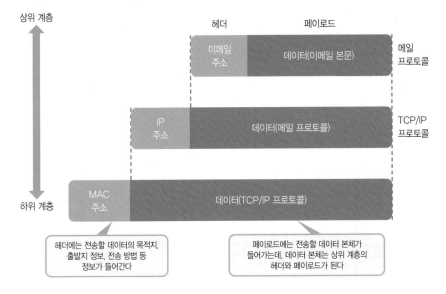

상위 계층

헤더　　　　　페이로드

이메일
주소 ｜ 데이터(이메일 본문)　　메일
프로토콜

IP
주소 ｜ 데이터(메일 프로토콜)　　TCP/IP
프로토콜

MAC
주소 ｜ 데이터(TCP/IP 프로토콜)

하위 계층

헤더에는 전송할 데이터의 목적지,
출발지 정보, 전송 방법 등
정보가 들어간다

페이로드에는 전송할 데이터 본체가
들어가는데, 데이터 본체는 상위 계층의
헤더와 페이로드가 된다

07 네트워크 모델
각 기기가 통신하는 계층의 모델

계층화된 네트워크의 대표적인 통신 모델을 'OSI 참조 모델'이라고 합니다. 인터넷은 OSI 참조 모델을 기반으로 구축되어 있지만, OSI 참조 모델과는 계층 구분이 다릅니다.

프로토콜을 7개로 나눈 OSI 참조 모델

OSI(Open Systems Interconnection) 참조 모델은 ISO(국제표준화기구)에서 제정한 네트워크 계층 모델을 의미하며, 7계층으로 나뉘어 있는 것이 특징입니다. OSI 참조 모델은 1977년에 제정되었고 당시 네트워크 기술을 기반으로 하기에 현재는 OSI 참조 모델을 그대로 구현한 네트워크나 장비가 거의 없습니다. OSI 참조 모델은 프로토콜을 계층 구조로 만든 개념입니다. 프로토콜을 계층 구조로 만들면, 애플리케이션은 연결되는 컴퓨터나 케이블의 차이를 처리할 필요가 없어 장비나 소프트웨어 개발이 용이해집니다. 또 네트워크 구성 요소가 계층으로 분리되므로 시스템을 프로토콜 스택(2장 06절 참조) 개념으로 설계하고 개발할 수 있습니다. 인터넷이 컴퓨터나 스마트폰에서 동일하게 액세스할 수 있는 이유는 네트워크 계층 구조와 프로토콜 스택 덕분입니다. 현재도 계층을 구분하는 하나의 모델로 이용되고 있습니다.

4계층으로 생각하는 TCP/IP 모델

인터넷을 기준으로 한 네트워크의 통신 모델도 있는데 이를 TCP/IP 모델이라고 합니다. 단 OSI 참조 모델이 7계층인 반면, TCP/IP 모델은 4계층으로 생각합니다. 4계층 모델에서는 물리 계층과 데이터 링크 계층이 1계층(네트워크 인터페이스 계층)에 해당하며, 세션 계층 이상은 모두 응용 계층에 해당합니다. 각 계층의 구분과 역할이 모두 동일하지는 않으므로 주의해야 합니다.

용어 노트

- 7계층: OSI 참조 모델에서는 숫자가 클수록 상위 계층이다. 송신 측에서는 7계층에서 1계층으로, 수신 측에서는 1계층에서 7계층으로 차례로 데이터가 전송된다.
- 인터넷: 인터넷은 OSI 참조 모델을 기반으로 한 TCP/IP 모델이라는 4계층 모델로 구현되어 있다.

❤ 그림 2-4 OSI 참조 모델과 TCP/IP 모델의 계층

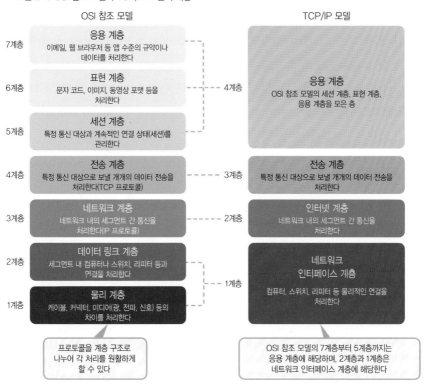

❤ 표 2-2 OSI 참조 모델의 각 계층별 주요 프로토콜 및 규격

계층	명칭	주요 프로토콜과 규격
7계층	응용 계층	SMTP, POP, HTTP, DNS, FTP 등
6계층	표현 계층	SMTP, 텔넷, FTP 등
5계층	세션 계층	TLS 등
4계층	전송 계층	TCP, UDP 등
3계층	네트워크 계층	IP, ARP, RARP, ICMP 등
2계층	데이터 링크 계층	PPP(다이얼업 연결), IEEE 802.3(이더넷), IEEE 802.11(무선 LAN) 등
1계층	물리 계층	RS-232C, EIA-422(트위스트 페어 케이블), EIA 카테고리(LAN 케이블), 광섬유 등

08 TCP/IP

NETWORK

인터넷으로 통신하기 위한 프로토콜

TCP/IP는 인터넷에서 통신할 때 사용하는 기본 프로토콜입니다. 많은 응용 계층 프로토콜에서 TCP/IP 프로토콜을 사용합니다. TCP/IP는 인터넷을 이해하는 데 매우 중요합니다.

출발지와 목적지가 적힌 IP 프로토콜

TCP/IP는 통신하는 패킷(2장 15절 참조)의 식별자로 IP 주소(2장 09절 참조)를 사용하기 때문에 보통 'TCP/IP'라고 표현합니다. 하지만 프로토콜 자체로는 IP 프로토콜, UDP 프로토콜, TCP 프로토콜로 분류됩니다.

IP 프로토콜은 UDP, TCP, HTTP 등 다른 프로토콜의 기본이 됩니다. IP 프로토콜은 IP 주소(출발지 및 목적지 정보)를 참조하여 데이터 본체(페이로드)를 올바른 목적지에 전송하는 최소한의 절차와 규칙을 규정합니다.

페이로드에는 UDP나 TCP뿐만 아니라 상위 계층(2장 06절 참조)의 프로토콜 데이터가 저장됩니다. IP 프로토콜 자체는 출발지와 목적지가 적힌 빈 봉투로 생각하면 됩니다.

UDP 프로토콜과 TCP 프로토콜

UDP 프로토콜과 TCP 프로토콜은 식별자로 각각 헤더에 포트 번호(2장 13절 참조)를 부여해서 IP 주소가 나타내는 사용자나 애플리케이션 종류 등을 지정합니다.

UDP 프로토콜은 포트 번호를 부여할 뿐 처리 과정 자체는 IP 프로토콜과 거의 다르지 않으며, 수신 확인이나 전송 오류 확인, 재전송 처리 등은 수행하지 않습니다. 이렇게 단순히 목적지만 지정해서 전송하는 데이터를 데이터그램이라고 합니다.

TCP 프로토콜은 헤더에 포트 번호가 부여되어 있고, 오류 검사나 재전송 처리 등 일련의 과정도 규정되어 있으며, 세션 통신을 수행하는 기능도 있습니다. 헤더에는 오류 검사와 세션 통신에 필요한 정보(시퀀스 번호나 응답 확인 번호, 세션 플래그 등)가 부여됩니다.

> **용어 노트**
>
> - 식별자: 대상을 식별하는 부호다. 예를 들어 패킷의 목적지를 식별하는 것은 목적지 IP 주소가 된다.
> - 세션: 목적지로 연결을 확인하고 통신 경로를 확보 및 유지하는 것이다.
> - 시퀀스 번호: 큰 데이터를 여러 개의 패킷으로 분할할 때 사용하는 패킷 번호다.
> - 응답 확인 번호: 시퀀스 번호가 맞는지 확인하는 번호다. 자기 다음에 와야 하는 시퀀스 번호가 들어간다.
> - 세션 플래그: TCP 세션의 상태를 나타내는 다양한 플래그를 의미한다.

❤ 그림 2-5 IP, UDP, TCP 각 프로토콜의 차이

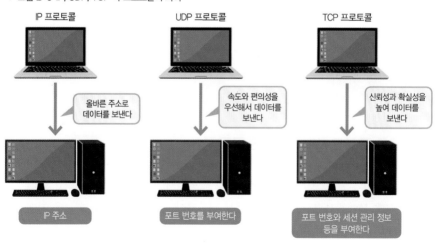

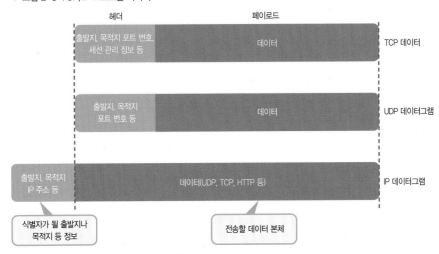

❤ 그림 2-6 TCP/IP 프로토콜 이미지

프로토콜의 용도

UDP 프로토콜은 신뢰성보다는 속도와 편의성을 우선시해야 할 때 사용됩니다. TCP 프로 토콜은 안정적인 통신을 원할 때 사용됩니다. IP 프로토콜이나 UDP 프로토콜에서도 상위 애플리케이션에서 오류 검사 및 재전송 처리 등을 수행해서 기능을 보완할 수 있습니다.

09 IP 주소
출발지와 목적지 네트워크를
특정하는 식별자

IP 주소는 출발지나 목적지를 식별하는 주소로 사용되는 데이터입니다. IP 주소에는 인터넷에서 사용하는 글로벌 IP 주소와 LAN 내에서 사용하는 프라이빗 IP 주소가 있습니다.

IP 주소의 구조

IP 주소에는 IPv4와 IPv6라는 두 가지 버전이 있습니다(2장 10절 참조). 여기에서는 IPv4를 설명합니다.

IP 주소는 TCP/IP 프로토콜에서 출발지나 목적지를 식별하는 식별자로 사용되는 데이터입니다. IP 주소는 32비트로 된 데이터이며, 32비트를 8비트씩 4등분해서 8비트의 10진수로 표시할 때 점으로 구분하여 표기합니다. 이때 8비트(=1바이트) 단위를 네트워크에서는 **옥텟**(octet)이라고 합니다.

32비트면 주소를 약 43억 개 표현할 수 있으므로, 주소를 43억 개 사용할 수 있습니다. 즉, 컴퓨터나 장치를 약 43억 대 가량 인터넷에 고유하게 연결할 수 있다는 의미입니다. 하지만 실제로 **주소 공간**을 43억 개 모두 사용할 수 있는 것은 아닙니다.

글로벌 IP 주소와 프라이빗 IP 주소

IP 주소의 주소 공간 중 인터넷 주소로 사용할 수 있는 것을 글로벌 IP 주소라고 합니다. 이 주소를 가진 기기는 인터넷상에서 하나뿐이므로, 이 주소를 지정하면 전 세계 기기와 통신할 수 있습니다.

인터넷에서 사용할 수 없는 IP 주소도 있습니다. 이 주소는 인터넷에 직접 연결되지 않는 LAN 내부 등의 주소 공간에서 사용하는 IP 주소로, 프라이빗 IP 주소라고 합니다. 프라이빗 IP 주소는 인터넷에서 사용하지 않으므로 LAN마다 중복되지 않게 관리하면 다른 사무실이나 LAN에서 같은 IP 주소를 사용해도 문제없습니다.

용어 노트

- IPv4와 IPv6: 약 43억 개밖에 표현할 수 없는 IPv4 주소가 점점 고갈되어 새로운 IP 주소 체계가 필요하게 되자 책정된 것이 IPv6다.
- 옥텟: 네트워크 용어로 8비트 단위. 컴퓨터 용어로는 IBM이 쓰기 시작한 '바이트'가 정착했다.
- 주소 공간: 주소 내부는 2진수로 나타내며, 자릿수에 따라 표현할 수 있는 주소 개수가 정해진다. 주소 내부의 비트 수로 표현할 수 있는 주소 범위를 주소 공간이라고 한다. 또 예약된 특수 주소 공간은 인터넷에서 사용할 수 없다.

▼ 그림 2-7 IPv4의 IP 주소 구조

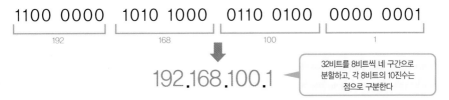

1100 0000　　1010 1000　　0110 0100　　0000 0001

192　　　　　168　　　　　100　　　　　1

192.168.100.1 ◀ 32비트를 8비트씩 네 구간으로 분할하고, 각 8비트의 10진수는 점으로 구분한다

▼ 그림 2-8 글로벌 IP 주소와 프라이빗 IP 주소의 이용 범위

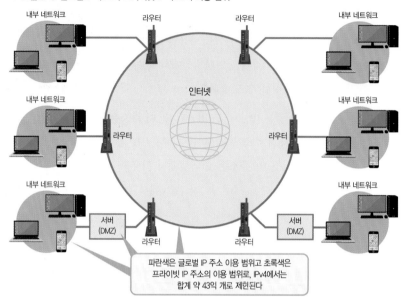

파란색은 글로벌 IP 주소 이용 범위고 초록색은
프라이빗 IP 주소의 이용 범위로, IPv4에서는
합계 약 43억 개로 제한된다

IP 주소로 개인 식별

인터넷에서 개인을 식별할 때는 IP 주소를 이용합니다. 하지만 이 방법은 간단하지 않고, 식별할 수 없을 때도 있습니다. 인터넷상의 IP 주소는 단지 네트워크에 연결된 라우터나 서버, 일부 컴퓨터를 가리킬 뿐입니다. 패킷의 IP 주소 정보로 발신자를 식별하려면 다른 정보가 필요합니다. 구체적으로는 라우터나 서버의 로그 정보로 패킷 출처를 파악할 수 있습니다. 로그 정보로 특정할 수 있는 것은 어떤 컴퓨터(LAN 내부 단말기의 프라이빗 IP 주소)가 사용되었는지, 어떤 로그인 계정이 사용되었는지 정도입니다. 실제 조작을 한 사람이 누구인지는 더 많은 조사가 필요합니다.

10 IPv4/IPv6
길이가 다른 IP 주소 2개

IPv4와 IPv6의 v4나 v6는 프로토콜의 버전(Version 4와 Version 6)을 나타냅니다. v4와 v6 사이에 프로토콜 호환성은 없고, 현재 인터넷에는 이 두 프로토콜이 혼재되어 있습니다.

IPv4와 IPv6의 차이점

IPv4와 IPv6의 가장 큰 차이점은 IP 주소(2장 09절 참조)의 길이입니다. IPv4는 4옥텟(32비트), IPv6는 16옥텟(128비트)으로 IP 주소를 나타냅니다. IPv4 주소 체계로는 약 43억 개만 정의할 수 있어 그동안 주소 고갈이 문제가 되었습니다.

IPv6는 2의 128제곱(약 3.4×10^{38})이라는 방대한 주소 공간을 갖고 있어 IP 주소가 고갈될 염려는 거의 없습니다. 다만 IPv4와 IPv6 간에는 호환성이 없으므로 IPv6로 인터넷에 연결하려면 IPv6와 호환되는 앱이나 서비스를 사용해야 합니다.

현재 윈도, macOS, 리눅스 등은 IPv6를 지원합니다. 웹 서비스인 구글 및 페이스북, 웹 브라우저인 구글 크롬 및 마이크로소프트 엣지, DNS도 IPv6를 지원하므로 사용자가 IPv4인지 IPv6인지 알 필요가 없습니다. NTT가 '플렛츠'라는 이름으로 제공하는 네트워크(NGN이라고도 함)도 IPv6 네트워크입니다.

암호화 통신 등의 특징이 있는 IPv6

IPv6는 주소 길이 이외에도 다음 특징이 있습니다.

- 프로토콜 수준에서 암호화 통신이 규정되어 있다.
- MAC 주소를 이용하여 IPv6 주소를 자동으로 생성할 수 있고, 2계층을 포함한 설정 자동화가 가능하다.
- 헤더가 IPv4보다 단순해서 처리가 간단하다.
- 계층 구조가 엄격하여 라우팅 효율이 좋다.

현재 IPv4와 IPv6 패킷은 인터넷상에 혼재되어 있고 IPv4가 금지되어 있는 것은 아니므로 전 세계 서버 및 웹 서비스 등은 IPv4를 기반으로 동작하고 있습니다.

용어 노트

- IP 주소: IANA라는 조직이 관리하는 식별자다. 세계를 리전(유럽, 북미, 남미, 아시아 태평양, 아프리카) 5개로 나누고, 각 리전에 주소 블록을 분배해서 모든 IPv4 주소를 지급하고 있다.
- DNS: Domain Name System의 약어. 인터넷에서 사용되는 도메인 이름, URL을 IP 주소로 변환하는 방법이다(4장 44절 참조).
- IPv4를 기반으로 동작: 이 책에서는 특별히 언급하지 않는 한 IPv4를 전제로 설명한다.

▼ 그림 2-9 IPv4와 IPv6의 특징

버전	주소 길이	주소 개수	특징
IPv4 (Internet Protocol version 4)	32비트 $(=2^{32})$	약 43억 개	• 인터넷의 기본적인 주소 • 신규 발행은 불가능 • 앱에서 패킷 암호화
IPv6 (Internet Protocol version 6)	128비트 $(=2^{128})$	약 340간 개	• 거의 무한히 사용할 수 있는 주소 공간 • 단순한 패킷 • 프로토콜 수준에서 패킷 암호화

340,282,366,920,938,463,463,374,607,431,768,211,456
340간 2823구 6692양 938자 4634해 6337경 4607조 4317억 6821만 1456개

❤ 그림 2-10 IPv4와 IPv6 프레임 포맷의 차이

IPv4

버전	헤더 길이	서비스 타입	패킷 길이		
식별 정보			플래그	프래그먼트 오프셋	
생존 시간		상위 프로토콜	헤더 체크섬		
출발지 IP 주소					
목적지 IP 주소					
옵션				패딩	
데이터					

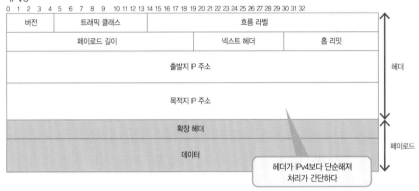

IPv6

버전	트래픽 클래스	흐름 라벨		
페이로드 길이		넥스트 헤더	홉 리밋	
출발지 IP 주소				
목적지 IP 주소				
확장 헤더				
데이터				

헤더가 IPv4보다 단순해져
처리가 간단하다

11 MAC 주소
기기나 단말기의 고유 식별자

MAC 주소는 네트워크에 연결되는 기기나 단말기가 고유하게 가지는 식별자입니다. MAC 주소는 IEEE(미국전기전자학회)가 관리하고, 전 세계 기기 제조사에 고유 코드를 할당하고 있습니다.

주소의 구조

MAC 주소는 컴퓨터의 네트워크 카드, 스마트폰, 라우터, 스위치, IoT 가전제품 등 네트워크에 연결되는 모든 기기에 하나씩 부여되는 식별자입니다.

MAC 주소는 48비트 길이의 식별자이며, IEEE(미국전기전자학회)와 각 기기 제조사가 관리합니다. 48비트 중 상위 24비트를 벤더 코드(OUI 식별자)로 장비 제조사에 할당하는데, 제조사는 여러 개의 벤더 코드를 가질 수 있습니다. 하위 24비트(노드 번호)는 각 제조사의 책임하에 제품에 하나씩 할당됩니다. 전 세계에 수많은 네트워크 기기가 출하되고 있는데, 48비트로 주소를 약 280조 개 표현할 수 있습니다. 벤더 코드만 해도 140조 개로, 하나의 벤더 코드로 시리얼 넘버를 140조 개 표현할 수 있습니다.

MAC 주소와 IP 주소의 차이

MAC 주소와 IP 주소는 프로토콜에 사용되는 식별자라는 점에서 동일하지만, 이 둘은 사용되는 계층이 다릅니다. MAC 주소는 이더넷 프레임(3장 29절 참조)에서 장치나 단말기의 식별자로 사용됩니다. 이더넷은 2계층(데이터 링크 계층)이므로 MAC 주소는 OSI 참조 모델에서 2계층(이하)의 식별자입니다.

IP 주소는 TCP/IP 프로토콜에서 출발지나 목적지의 장치나 네트워크 식별자로 사용됩니다. TCP/IP나 인터넷은 OSI 참조 모델에서 3계층 이상의 계층이므로 IP 주소는 3계층(이상)의 식별자가 됩니다.

용어 노트

- 네트워크 카드: 이더넷 등 LAN 프로토콜과 컴퓨터나 서버 내 공통 버스 신호(CPU, 메모리, 입출력 기기가 서로 데이터 교환을 실시할 수 있는 신호선 규격)의 프로토콜 변환 및 신호 변환을 수행하는 하드웨어를 의미한다.
- 벤더 코드: MAC 주소의 상위 3바이트 부분을 의미한다. IEEE에서 기업마다 고유 부호를 할당한다. 대기업은 복수의 벤더 코드를 갖는 경우가 있다.

▼ 그림 2-11 MAC 주소의 구조

❤ 표 2-3 MAC 주소와 IP 주소의 차이

구분	MAC 주소	IP 주소
프로토콜	이더넷	TCP/IP
계층	2계층 이하	3계층 이상
식별 대상	단말기	네트워크 호스트
길이	48비트	IPv4: 32비트, IPv6: 128비트
식별자 수	약 280조 개	약 43억 개(IPv4)
관리 단체	IANA	IEEE

ONE POINT

MAC 주소의 체계

MAC 주소에서 상위 3바이트는 벤더 코드(vendor code)라고 하며, 네트워크 장비 제조사를 식별하는 부호입니다. 대기업은 기업 규모나 생산 규모에 따라 벤더 코드가 할당되기 때문에 여러 개의 벤더 코드를 가지기도 합니다. 예를 들어 IBM이나 DELL 같은 거대 벤더는 많은 기업을 흡수하고 합병해 왔는데, 흡수된 벤더가 가지고 있던 벤더 코드는 흡수하는 기업의 벤더 코드가 됩니다.

IP 주소처럼 MAC 주소에도 규약상 기능이나 의미가 고정된 주소가 있습니다. 같은 스위치에 연결된 기기 전체에 동시에 전송하는 브로드캐스트 주소(2장 12절 참조)가 그 예입니다.

MAC 주소는 스위치, 라우터, 스마트폰 등 각 기기별로 할당됩니다. 주소 데이터는 일반적으로 이런 기기의 ROM(쓰기 금지 메모리)에 기록되므로 변경할 수 없습니다. 그러나 최근 컴퓨터나 스마트폰에서는 네트워크에 연결할 때 기기의 특정을 막고자 랜덤 MAC 주소를 사용하도록 설정할 수 있습니다.

12 ARP

통신할 때 MAC 주소를 조사하는 프로토콜

ARP(Address Resolution Protocol)는 IP 주소에서 해당 장비의 MAC 주소를 확인하는 프로토콜입니다. IP 주소 정보를 전송하고 특정 대상과 통신하기 위해 질의합니다.

장치의 MAC 주소를 조사하는 ARP

일반적인 LAN에서는 허브나 라우터가 네트워크를 묶어 줍니다. 이 네트워크에서 각 장치 연결은 이더넷을 사용하지만, 연결된 장치에서 실행되는 애플리케이션은 주로 TCP/IP 프로토콜을 사용합니다(3계층 이상).

장치 간 통신에는 MAC 주소가 필요하지만, MAC 주소는 2계층 이하이므로 애플리케이션은 IP 주소를 알고 있어도 MAC 주소를 모릅니다. 그러므로 LAN 내에서 패킷을 교환하려면 해당 IP 주소가 LAN 내 어느 MAC 주소를 가진 장치의 것인지 확인하고 이더넷 프레임(3장 29절 참조)을 구성해야 합니다. 이때 사용되는 것이 ARP입니다. IP 주소 정보를 네트워크로 내보내면 알고 있는 장치(호스트)가 MAC 주소를 알려 줍니다.

ARP의 작동 방식

ARP는 먼저 MAC 주소를 알고자 하는 IP 주소 정보를 LAN에 대상을 지정하지 않고 전송합니다. LAN의 모든 장치에 대상을 지정하지 않고 패킷을 전송하는 것을 브로드캐스트라고 합니다.

브로드캐스트 패킷은 모든 장치가 수신하므로 IP 주소에 대한 패킷을 수신하면 해당 장치는 자신의 MAC 주소를 회신합니다. 이것이 ARP의 기본 작동 방식입니다.

실제로 통신할 때마다 ARP로 조회하는 것은 효율적이지 않기 때문에 허브나 라우터에 LAN 내 모든 기기의 IP 주소와 MAC 주소의 대응표(주소 테이블)를 만들어 둘 때가 많습니다. 이때 각 장비는 허브나 라우터에 문의하면 LAN 내 모든 장비의 MAC 주소를 확인할 수 있습니다.

> **용어 노트**
>
> - 애플리케이션: 파일 공유, 메시지 교환, 이메일, 웹 브라우저, 온라인 회의, 원격 데스크톱 등 네트워크를 이용할 수 있는 소프트웨어를 의미한다.
> - 패킷: IP 프로토콜에서 헤더와 페이로드를 합친 데이터 전송 단위다.

▼ 그림 2-12 ARP의 기본 동작(브로드캐스팅)

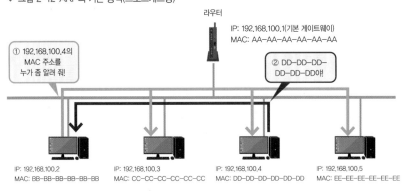

▼ 그림 2-13 ARP로 허브나 라우터에 조회

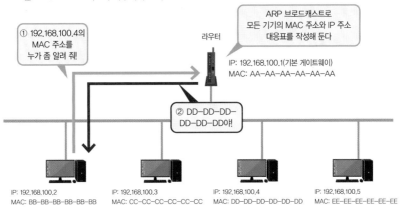

ARP 브로드캐스트로
모든 기기의 MAC 주소와 IP 주소
대응표를 작성해 둔다

① 192.168.100.4의
MAC 주소를
누가 좀 알려 줘!

라우터

IP: 192.168.100.1(기본 게이트웨이)
MAC: AA-AA-AA-AA-AA-AA

② DD-DD-DD-
DD-DD-DD야!

IP: 192.168.100.2
MAC: BB-BB-BB-BB-BB-BB

IP: 192.168.100.3
MAC: CC-CC-CC-CC-CC-CC

IP: 192.168.100.4
MAC: DD-DD-DD-DD-DD-DD

IP: 192.168.100.5
MAC: EE-EE-EE-EE-EE-EE

ONE POINT

기본 게이트웨이

LAN 내 장치가 라우터에 주소 테이블을 문의하려면 우선 라우터의 MAC 주소를 알고 있어야 합니다. 그렇다면 그 라우터의 IP 주소는 어떻게 알 수 있을까요?

이 문제를 해결하는 것이 바로 기본 게이트웨이(2장 25절 참조)입니다. 일반적인 LAN에서는 라우터처럼 네트워크를 묶는 장치의 IP 주소를 기본 게이트웨이로 설정합니다. 기본 게이트웨이는 TCP/IP에서 각 장치가 모르는 정보나 외부 통신 등을 모두 담당하는 창구입니다. 각 장치는 관리나 문의 패킷을 일단 기본 게이트웨이로 보냅니다. 컴퓨터 등 네트워크 설정에 자신의 IP 주소(자동 할당 가능)와 기본 게이트웨이가 필요한 것은 바로 이 때문입니다.

13 포트 번호
애플리케이션 종류와 클라이언트 식별자

포트 번호는 TCP/UDP 프로토콜에서 사용되는 식별자입니다. IP 주소만으로는 특정할 수 없는 LAN 내 장치나 단말기, 상위 프로토콜이 이용하는 애플리케이션 종류나 애플리케이션의 클라이언트 등을 지정합니다.

포트 번호의 역할

포트 번호는 TCP/UDP 프로토콜에서 추가되는 식별자입니다. TCP/UDP 헤더의 처음 16비트(2옥텟) 정보이며, 16비트이므로 0~65535의 번호를 나타낼 수 있습니다. 포트 번호에는 목적지 포트 번호와 출발지 포트 번호가 있습니다.

IP 주소는 목적지 서버를 지정할 수 있지만, 해당 서버의 어떤 앱을 사용할지는 지정할 수 없습니다. 목적지 포트 번호는 패킷이 어떤 애플리케이션을 위한 것인지 나타내는 번호로 지정됩니다. 서버에서는 수신한 패킷이 이메일 요청인지 웹 서버 요청인지 등을 목적지 포트 번호를 보고 판단합니다.

출발지 포트 번호에는 패킷을 보낸 쪽 사용자와 터미널을 식별하는 번호를 지정합니다. 어디에서 온 패킷인지는 출발지 IP 주소로 알 수 있지만, 출발지에서도 이메일을 보낸 계정이나 웹 사이트에 액세스한 기기 등을 식별할 필요가 있습니다.

주요 애플리케이션의 번호 - 잘 알려진 포트

포트 번호는 원칙적으로 송수신 양쪽에서 합의되어 있다면 0~65535 사이의 어떤 번호를 사용해도 문제없습니다. 그러나 인터넷에서는 주요 애플리케이션의 포트 번호는 0~1023을 할당하는 것이 관례입니다. 이 0~1023을 **잘 알려진 포트**(well-known port)라고 합니다.

1024~49151은 **등록된 포트 번호**라고 하며, 기존 애플리케이션에서 보조적으로 사용하고 있습니다. 49152~65535의 포트 번호는 다이내믹/프라이빗 포트 번호라고 하며, 개인이나 기업이 자체 애플리케이션이나 서비스용으로 자유롭게 사용할 수 있습니다.

> **용어 노트**
>
> - TCP/UDP 프로토콜: TCP는 세션의 확립, 패킷이 올바른 목적지에 도착했는지 확인 등 신뢰성을 높여서 통신한다. UDP는 신뢰성보다 속도나 편리성을 우선시한다.
> - 잘 알려진 포트: 이메일, HTTP, DNS 등 인터넷의 핵심 서비스에 할당된 특정 포트 번호다.
> - 등록된 포트 번호: 잘 알려진 포트 이외의 주요 공급 업체 제품 및 앱에 할당된 포트 번호다.

❤ 그림 2-14 포트 번호를 사용해서 웹 서버에 액세스하는 이미지

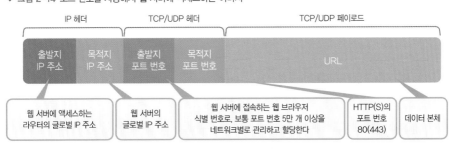

▼ 표 2-4 잘 알려진 포트 번호와 이용되는 프로토콜 및 서비스

포트 번호	프로토콜 및 서비스	개요
TCP/20	FTP(데이터)	클라이언트와 서버 간 파일을 주고받는다.
TCP/21	FTP(프로토콜)	FTP로 파일을 송수신할 때 서버에 로그인 처리 등을 한다.
TCP/22	SSH	암호화 통신으로 보호된 원격 로그인이다.
TCP/23	텔넷	원격 로그인(비추천)이다.
TCP/25	SMTP	메일 서버에 이메일을 보낸다.
UDP/53	DNS	DNS 서버에 IP 주소를 문의한다.
UDP/67	DHCP(서버)	IP 주소 자동 할당을 관리하는 서버다.
UDP/68	DHCP(클라이언트)	DHCP가 자동으로 IP 주소를 할당하는 기기(네트워크 호스트)다.
TCP/80	HTTP	웹 브라우저와 웹 서버 사이에서 통신한다.
TCP/110	POP3	자신에게 온 이메일을 메일 서버에서 확인하고 내려받는다.
UDP/123	NTP	컴퓨터 내부 시계를 표준 시간과 동기화한다.
TCP/143	IMAP	자신에게 온 이메일을 메일 서버에서 확인한다(이메일은 서버에 보관된다).
TCP/443	HTTPS	암호화 통신으로 세션이 보호된 HTTP 통신이다.

ONE POINT

포트 번호의 필요성

LAN 내 말단 컴퓨터까지 글로벌 IP 주소가 할당되어 있다면 출발지 포트 번호가 필요하지 않을 수도 있습니다. 하지만 실제 LAN 내 IP 주소는 프라이빗 IP 주소이며, 인터넷에서는 라우터나 서버 등 LAN을 구성하는 장치까지만 특정할 수 있습니다. 따라서 포트 번호가 필요합니다.

14 회선 교환 방식

유선 전화에서 사용되는 일대일 연결 방식

회선 교환이란 기존 전화 시스템으로 대표되는 통신 방식의 명칭으로, 통신 상대와 일대일 연결을 설정해서 통신하는 방식을 가리킵니다. 현재에도 유선 전화에서는 원리적으로 이 방식을 채택하고 있습니다.

유선 전화의 통신 방식

전화는 음성을 마이크를 통해 아날로그 신호로 바꾸고, 이를 전선에 실어 보내 상대방 스피커에서 재생하는 장치입니다. 양쪽에 마이크와 스피커, 송수신을 위한 전선 2개만 있으면 서로 통화할 수 있습니다. 다만 이 경우 모든 통화 상대는 전선으로 연결되어 있어야 하는데, 중간에서 **교환원**이 개입하여 걸려 온 번호와 지정한 번호의 전선을 연결해 줍니다. 일단 교환대까지 선을 깔아 놓으면 그 교환대에 연결된 상대 누구와도 통화할 수 있습니다. 교환대에 다른 지역의 교환대와 연결하는 포트를 추가하면 그 지역과도 연결할 수 있습니다.

상위 교환대는 지역 내 교환대별 연결을 처리함으로써 국내 전역과 해외까지 커버할 수 있습니다. 전화번호가 지역 번호, 시외 전화번호, 국가 번호 등 계층 구조로 되어 있는 이유는 바로 이 때문입니다.

현재는 전화번호의 신호(**펄스나 톤**)를 식별해서 기계나 컴퓨터가 연결을 처리하고, 중간 회선으로 마이크로웨이브 등 무선 기술, 디지털 회선, 광섬유 등이 사용되지만 기본 원리는 동일합니다.

회선 교환 방식의 특징

이런 유선 전화의 통신 방식을 회선 교환 방식이라고 합니다. 회선 교환 방식의 특징은 일대일 연결을 설정하므로, 연결이 설정되면 해당 회선은 양측이 독점합니다. 즉, 통화 중 상태가 됩니다. 회선 교환 방식은 **교환기 구성이 복잡해**지고 회선 유지 보수 및 관리에 비용이 들어갑니다. 음성이든 데이터든 통신량이 방대해지면, 하나의 통신에 하나의 회선을 전용으로 쓰는 방식은 효율적이지 않습니다. 현재는 지역 전화국 이후의 통신은 대부분 디지털화되어 있고 신호도 다중화되어 있습니다.

용어 노트

- 교환원: 초기 전화 시스템은 교환원(오퍼레이터)이 통화할 번호나 정보를 물어 수작업으로 회선을 연결했다.
- 교환대: 모든 전화기는 가장 가까운 전화국(교환대)에 연결되어 있다. 거기에서 같은 교환대의 전화로 연결할지 다른 전화국으로 연결할지 번호를 보고 판단한다.
- 펄스나 톤: 교환대 작업을 자동화하고자 전화기는 전화번호 숫자에 대응하는 신호를 발생하도록 되어 있다. 펄스 방식은 번호에 대응하는 개수의 펄스를 발생한다. 소리의 주파수(톤)로 나타내는 방식도 있다.
- 교환기: 전화기 신호를 전기적으로 처리해서 올바른 연결 대상의 회선을 여는 장치(전자 회로와 스위치의 집합체 같은 장치)다. 현재는 디지털화되어 컴퓨터로 처리된다.

❤ 그림 2-15 회선 교환 방식의 이미지

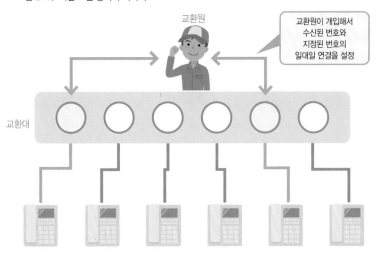

❤ 그림 2-16 교환기의 원리 이미지

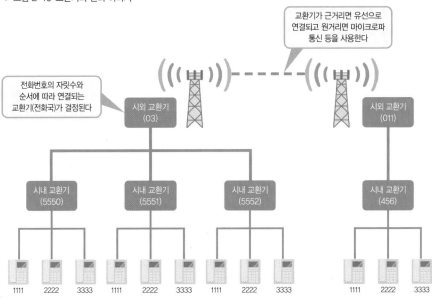

15 패킷 교환 방식

데이터를 분할해서 전송하는 통신 방식

패킷 교환 방식은 인터넷이나 이더넷을 비롯하여 많은 네트워크에서 채택한 통신 방식입니다. 데이터를 패킷이라는 단위로 분할해서 통신합니다.

패킷 교환 방식의 원리와 장점

패킷이란 주고받는 데이터 단위를 의미합니다. 데이터를 주고받을 때는 필요한 데이터를 원래의 크기 그대로가 아니라 일정한 크기로 분할해서 전송합니다. 이 단위가 패킷이며, 이처럼 패킷으로 분할하여 송수신하는 통신 방식을 패킷 교환 방식이라고 합니다. 패킷의 크기는 프로토콜에 따라 정해집니다.

패킷 교환 방식의 장점은 매번 상대방과 회선을 연결할 필요가 없다는 것입니다. 회선 교환 방식(2장 14절 참조)에서는 상대방과 회선을 독점하지만, 패킷 교환 방식은 회선만 연결되어 있으면 데이터를 독립적인 타이밍에 송신할 수 있습니다. 또 회선 교환 방식에서는 상대와 연결을 설정하는 절차가 필요했지만, 패킷 교환 방식에서는 그런 절차가 필요하지 않습니다.

회선을 독점하지 않는 패킷 교환 방식은 동시에 대량의 데이터를 전송할 수 있으며, 다수의 상대방과 효율적으로 데이터를 송수신할 수 있다는 장점이 있습니다. 또 서로 다른 종류의 패킷(프로토콜)도 혼재할 수 있으며, 연결 일부에 장애가 발생해도 다른 경로로 송수신할 수 있습니다.

패킷 교환 방식에 필요한 정보

패킷 교환 방식에서는 효율적으로 대량의 데이터를 주고받을 수 있습니다. 하지만 같은 회선 내에 무수한 패킷이 흐르게 되므로 패킷별로 관리 정보가 필요합니다. 우선 출발지와 목적지 정보는 최소한 필요합니다. 또 데이터를 분할할 때 목적지에서 데이터를 재구성하는 정보도 필요합니다. 이런 정보는 헤더에 집약되어 통신 데이터 본체(페이로드)와는 별도로 부여됩니다.

용어 노트

- 패킷의 크기: IP 프로토콜에서는 1패킷의 크기가 헤더와 페이로드를 합해서 1500바이트로 되어 있다.
- 관리 정보: 헤더에 포함된 ID 및 분할된 패킷이 원래 데이터의 어느 부분에 해당하는지 나타내는 정보 등이 있다.

▼ 그림 2-17 패킷 교환 방식의 통신 이미지

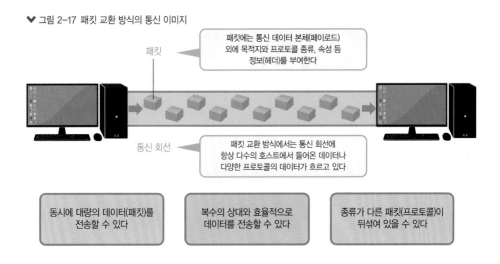

패킷

패킷에는 통신 데이터 본체(페이로드) 외에 목적지와 프로토콜 종류, 속성 등 정보(헤더)를 부여한다

통신 회선

패킷 교환 방식에서는 통신 회선에 항상 다수의 호스트에서 들어온 데이터나 다양한 프로토콜의 데이터가 흐르고 있다

동시에 대량의 데이터(패킷)를 전송할 수 있다

복수의 상대와 효율적으로 데이터를 전송할 수 있다

종류가 다른 패킷(프로토콜)이 뒤섞여 있을 수 있다

❤ 그림 2-18 장애가 발생해도 다른 경로로 송수신 가능

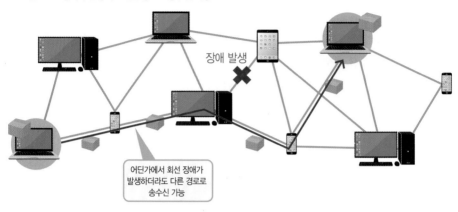

ONE POINT

패킷 교환 방식의 단점

패킷 교환 방식은 다중화가 가능하고 유연성이 높다는 장점이 있는 반면, 다음과 같은 단점
도 있습니다.

- 회선 혼잡이나 액세스의 집중 등이 발생한다.
- 패킷이 보낸 순서대로 도착한다는 보장이 없다.
- 패킷이 오류로 사라질 수 있다.
- 헤더 등 부가 정보의 처리나 크기가 필요하게 된다.
- 실시간 전송을 할 수 없다(어디까지나 저지연).

16 라우터

LAN끼리 연결해서 패킷을 처리하는 장비

라우터는 현재 인터넷의 핵심이라고도 할 수 있는 장비입니다. 기본 기능은 IP 주소를 보고 목적지가 내부 LAN인지 아닌지 확인해서 패킷을 처리하는 것입니다.

LAN끼리 이어 주는 라우터 기능

라우터의 기본 기능은 LAN과 LAN을 연결하고 목적지에 따라 패킷을 처리하는 것입니다. 다시 말해 여러 장치로 구성된 네트워크 세그먼트를 LAN으로 묶어 내부 패킷을 처리하면서 동시에 외부 LAN과도 연결해서 상호 간 패킷을 교환합니다. 이런 패킷 처리를 라우팅(2장 24절 참조)이라고 합니다.

라우팅에서는 패킷의 헤더를 확인하고 자신이 관리하는 LAN을 향한 패킷이라면 받아들여 목적지 장치에 전달하고, 그렇지 않다면 다른 라우터에 전송합니다. 자신의 LAN에서 패킷을 받을 때도 마찬가지로 처리합니다. 여기에서 '다른 라우터'란 자신과 직접 연결된 라우터(이웃 또는 인접 라우터)를 의미합니다. 이런 기능을 구현하고자 라우터에는 내부 LAN과 외부 LAN을 연결하는 **연결 포트**가 2개 있습니다.

라우터와 인터넷의 관계

라우터는 LAN과 LAN을 연결해서 대규모 LAN이나 인터넷을 구성하는 장치로,
LAN을 연결해서 대규모 LAN을 구성할 경우 인접한 라우터와 이더넷으로 연
결하게 됩니다. 전용선이나 ISP의 회선 등을 이용하면 먼 거리의 라우터와 연결
할 수도 있습니다. 인터넷은 이런 원리로 LAN을 광범위하게 연결한 것을 의미
합니다. 프로토콜은 TCP/IP가 기본이고, 라우터의 WAN 쪽에서는 글로벌 IP
주소를 사용합니다. 또 내부 LAN과 외부 인터넷의 경계에 설치하는 라우터를
에지 라우터라고 합니다.

용어 노트

- 이웃: 특정한 라우터에 직접 연결된 라우터를 의미한다. 인접 라우터라고도 한다.
- 연결 포트가 2개: 라우터의 내부 LAN 연결 포트를 'LAN 포트', 외부 LAN(인터넷) 연결
  포트를 'WAN 포트'라고 한다.
- 전용선: 인터넷이나 공중 회선 등과는 달리, 특정 통신 상대와 직접 연결된 회선이다. 전용
  선은 연결된 통신 상대만 전용으로 쓸 수 있다.
- ISP: Internet Service Provider의 약어. 인터넷 연결 서비스를 제공하는 사업자를 가리
  킨다.

▼ 그림 2-19 라우터의 기본 기능

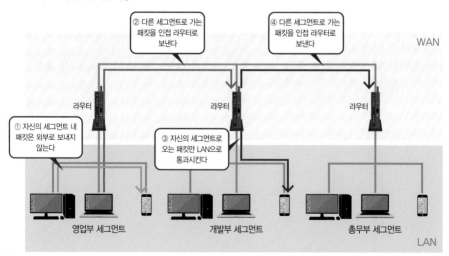

▼ 그림 2-20 라우터와 인터넷의 관계

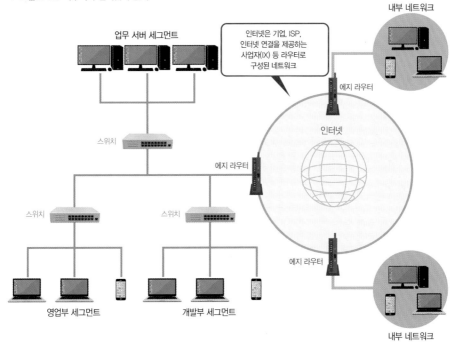

인터넷은 기업, ISP,
인터넷 연결을 제공하는
사업자(IX) 등 라우터로
구성된 네트워크

업무 서버 세그먼트

내부 네트워크

에지 라우터

인터넷

스위치

에지 라우터

스위치

스위치

에지 라우터

내부 네트워크

영업부 세그먼트

개발부 세그먼트

17 액세스 포인트
무선 LAN 전파를 모으는 장치

액세스 포인트는 무선 LAN에서 허브(집선 장치: 2장 18절 참조)에 해당하는 장치입니다. 무선 LAN을 구축하고자 여러 기기의 무선 연결을 모아서 네트워크에 연결합니다.

각 장치의 무선 연결을 설정하는 액세스 포인트

액세스 포인트는 IEEE 802.11 시리즈(3장 31절 참조)의 무선 LAN 규격(일반적으로 Wi-Fi라고 하는 것)으로 각 단말기와 무선 연결을 설정하는 장치입니다.

Wi-Fi는 현재 대부분의 컴퓨터와 스마트폰에서 연결할 수 있으며, IoT 기기에서도 Wi-Fi 연결이 기본입니다. 케이블을 배선할 필요가 없고 전송 속도도 빨라서 기업 내 LAN에서도 일반적으로 사용되고 있습니다.

비슷한 장치로 광대역 라우터와 Wi-Fi 라우터가 있습니다. 시중에서 판매되는 대부분의 광대역 라우터는 Wi-Fi 연결 기능을 갖추고 있는데, 광대역 라우터는 라우터와 액세스 포인트가 통합된 것으로 라우터는 3계층 장치입니다. 반면에 액세스 포인트나 Wi-Fi 장비(IEEE 802.11 시리즈)는 2계층 장치입니다.

인프라스트럭처 모드와 애드혹 모드

무선 LAN에서는 액세스 포인트가 유선 LAN의 L2 스위치(2장 19절 참조)에 해당하는 역할을 합니다. 무선 LAN에 연결되는 장치는 내장된 Wi-Fi 모듈을 이용하여 액세스 포인트에 연결하고, 액세스 포인트는 세그먼트 내 통신을 제어합니다. 이렇게 액세스 포인트를 이용하여 연결하는 형태를 '인프라스트럭처 모드'라고 합니다. 반면에 액세스 포인트를 거치지 않고 장치끼리 직접 무선 링크 기능을 사용해서 통신할 수도 있습니다. 이런 연결 형태를 '애드혹 모드'라고 합니다. 애드혹 모드는 컴퓨터와 프린터를 직접 연결할 때 사용됩니다.

용어 노트

- IoT 기기: 컴퓨터나 서버 등 종래의 인터넷을 구성하는 단말기 이외에 IP 프로토콜로 패킷 통신이 가능한 가전이나 전자 기기 전반을 가리킨다.
- 2계층 장치: 액세스 포인트는 기본적으로 2계층 장치고, 연결 식별자는 MAC 주소가 기본 이다.
- 무선 링크 기능: 액세스 포인트의 하드웨어는 보통 스위치나 라우터 기능을 갖고 있지만, 이런 상위 계층 기능을 제외한 무선 연결만 실현하는 기능이다.

▼ 그림 2-21 인프라스트럭처 모드 연결 예

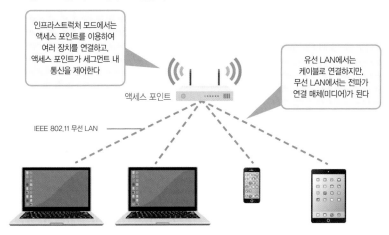

▼ 그림 2-22 애드혹 모드 연결 예

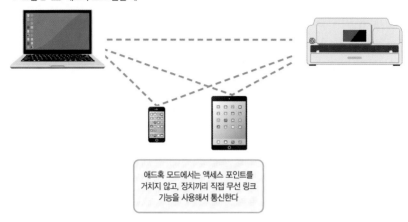

애드혹 모드에서는 액세스 포인트를
거치지 않고, 장치끼리 직접 무선 링크
기능을 사용해서 통신한다

ONE POINT

액세스 포인트와 Wi-Fi 라우터의 차이

액세스 포인트는 기본적으로 노트북이나 휴대 단말기, 주변 기기 등 단말기나 기기를 묶는
장치입니다. 따라서 액세스 포인트만으로는 인터넷에 연결할 수 없으며, 별도로 라우터가 필
요합니다. 반면에 Wi-Fi 라우터나 광대역 라우터는 LAN끼리 연결하거나 인터넷에 연결하
는 라우터 기능을 하는 장치입니다. 액세스 포인트의 기능도 갖추고 있어 단독으로 인터넷
에 연결할 수 있습니다.

18 허브(집선 장치)
여러 회선을 모으는 장치

허브는 다수의 회선을 정리해서 기기 접속을 확보하는 장치입니다. 컴퓨터나 프린터 등이 여러 대 있는 사무실에서는 일반적으로 허브를 이용하여 장비를 연결합니다.

각 장치의 회선을 모으는 허브

네트워크의 허브는 각 장치의 회선을 정리하고 네트워크를 올바르게 연결하는 장치입니다. 세계 각지의 취항 거점이 되는 허브 공항이나 자전거의 바퀴살을 모아 주는 허브(휠 축)를 떠올리면 이해하기 쉬울 것입니다.

컴퓨터나 프린터 등 여러 기기를 이용하는 사무실 등에서는 허브를 이용하여 네트워크의 모든 장치를 연결해서 통신하는 것이 일반적입니다.

리피터와 스위치 기능도 갖추고 있다

허브 뒷면에는 LAN 케이블 연결 포트(RJ-45)가 여러 개 나열되어 있습니다. 허브는 포트 수만큼 선을 모을 수 있으며, 포트 수는 4, 8, 16 등이 일반적입니다. 연결할 장치가 더 많아지면 포트 중 하나를 다른 허브에 연결해서(캐스케이드 연결) 연결 대수를 늘리는 경우도 있습니다.

이전에는 집선 기능만 있는 허브도 있었지만 현재는 거의 보이지 않습니다. 대부분의 허브는 전원이 필요하며, 내부에서 신호 증폭 및 전파 성형 등을 하도록 되어 있어 리피터(신호 증폭 중계기: 1장 03절 참조) 기능도 합니다. 더 나아가 전자 회로나 CPU를 장착해서 소프트웨어로 이더넷 프레임(3장 29절 참조)을 해석하고 고도의 연결 전환을 수행하는 제품이 주류가 되었습니다.

이런 장치는 스위치(2장 19절 참조)로 분류되어 엄격히 말해 허브라고 부르지 않습니다. 현재의 허브는 스위치 제품을 가리키며, 순수한 허브와 구분하고자 스위칭 허브라고도 합니다.

> **용어 노트**
>
> • 허브: 허브에는 이동 등의 '거점'이라는 뜻이 있다.
> • RJ-45: Registered Jack-45의 약어. 회선을 기기에 연결하는 커넥터 규격이다. 미국
>   연방통신위원회(FCC)가 규격화해서 접점 개수나 신호선 개수에 따라 2극 2심, 4극 2심,
>   8극 8심 등으로 분류된다. LAN 케이블에 사용되는 것은 8극 8심이다.
> • 캐스케이드 연결: 제품에 따라서 캐스케이드 연결을 위한 전용 포트를 가진 것도 있다.
> • 전자 회로나 CPU: 스위치(스위칭 허브)에는 연결 대상을 전환할 때 내부 전자 회로만으로
>   전환하는 것과 CPU를 탑재해서 내부 프로그램으로 전환하는 것이 있다.

▼ 그림 2-23 허브(집선 장치) 연결 예

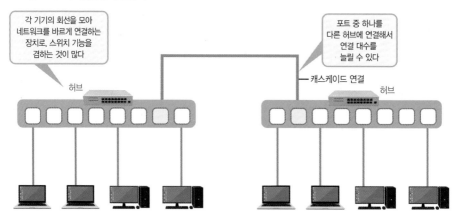

❤ 그림 2-24 허브와 스위치의 기능 차이

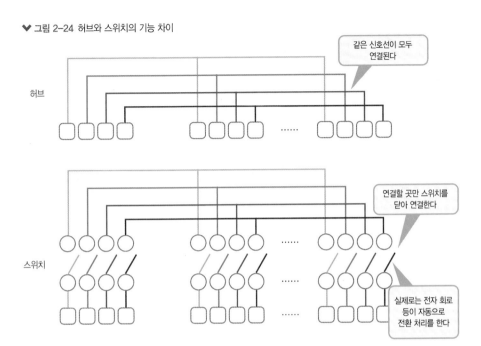

19 스위치(스위칭 허브)

회선을 모아서 연결 대상을 전환하는 장치

스위치는 단순히 회선을 모으는 것뿐만 아니라 연결 대상을 전환하는 기능도 갖춘 장치입니다. 이 기능 때문에 '스위치'라고 합니다. 스위치를 이용해서 세그먼트를 분할할 수도 있습니다.

연결 대상을 전환하는 기능을 가진 스위치

스위치는 연결 대상을 전환하는 기능이 있는 허브(집선 장치)를 가리킵니다. 스위치는 2계층에서 연결되는 장치로, 원칙적으로 이더넷 프레임(3장 29절 참조)을 처리합니다. 즉, 회선 내 헤더나 페이로드 정보를 참조해서 목적지(MAC 주소)의 장치와 연결합니다. 스위치를 사용하면 이더넷 프레임의 충돌을 방지하거나 불필요한 이더넷 프레임 등을 억제할 수 있습니다.

스위치 외관은 허브와 거의 동일하지만 포트 수가 24개나 48개 등으로 늘어날 때가 많습니다. 데이터센터 등 서버 랙에는 많은 서버나 스토리지 등이 들어가며, 이런 장치를 스위치로 묶어 네트워크를 구축합니다.

스위치로 세그먼트를 분할할 수 있다

스위치는 2계층에서 연결하는 장치이므로 L2 스위치라고도 합니다. 이에 반해 IP 주소에 의한 라우팅 기능을 가진 3계층에서 연결하는 스위치를 L3 스위치라고 합니다. L3 스위치는 LAN끼리 연결할 수 있으며, 라우터와 거의 기능이 동일합니다. 라우터와 차이는 L3 스위치가 L2 스위치의 기능을 갖추면서 하드웨어로 처리하므로 고속인 점, 포트 수가 많은 제품이 있는 점 등을 들 수 있습니다(3장 35절 참조).

L3 스위치는 CPU를 탑재하고 있기 때문에 임의의 포트를 지정해서 세그먼트를 나눌 수도 있습니다. 이 기능을 VLAN이라고 합니다. 하드웨어적으로 세그먼트별 포트 수는 고정이지만 VLAN을 사용하면 임의의 포트 수(총수 이내)를 가진 세그먼트를 스위치 한 대로 설정할 수 있습니다.

> **용어 노트**
>
> • 스위치: 최근 허브는 스위치 기능을 갖고 있는 경우가 많지만(2장 18절 참조), 정확하게는 스위치가 허브 기능을 갖추고 있기 때문에 순수한 허브가 불필요해졌다고 할 수 있다.
> • VLAN: Virtual LAN의 약어. 세그먼트를 논리적으로 분할해서 여러 세그먼트로 만들거나 여러 스위치의 세그먼트를 하나의 세그먼트로 논리적으로 묶을 수 있는 기술(3장 33절 참조)이다.

▼ 그림 2-25 스위치 포트 예

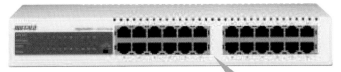

사진 제공: 주식회사 버팔로

> 뒷면에 많은 포트가 있으며 여러 장치를 연결할 수 있다

❤ 그림 2-26 VLAN에 의한 세그먼트 분할

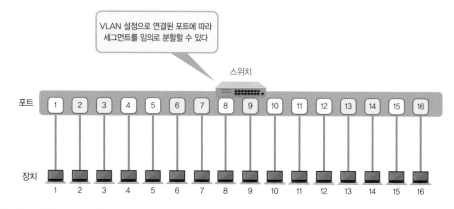

VLAN 설정으로 연결된 포트에 따라
세그먼트를 임의로 분할할 수 있다

스위치

포트

장치

VLAN	포트	세그먼트	장치
1	1, 4, 5, 8, 10, 11, 12, 15	1	1, 4, 5, 8, 10, 11, 12, 15
2	2, 3, 6, 7, 9, 13, 14, 16	2	2, 3, 6, 7, 9, 13, 14, 16

VLAN을 설정하면 동일한
스위치라도 VLAN이 다른 장치와
통신할 수 없게 된다

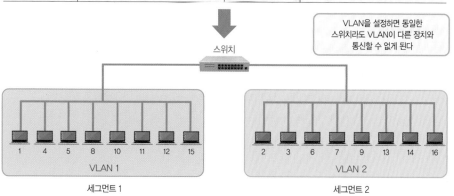

스위치

세그먼트 1

세그먼트 2

20 케이블

데이터를 전송하는 회선

네트워크에서 사용되는 케이블이라고 하면 현재 이더넷용 LAN 케이블이 일반 적입니다. 단 고속 전송을 하는 스위치나 10Gbps 이상의 네트워크 장비 등에 서는 광섬유 케이블이 사용됩니다.

직렬 케이블과 병렬 케이블

네트워크에서 사용되는 케이블은 크게 직렬 케이블과 병렬 케이블로 나눌 수 있습니다. 차이점은 전송 방식에 있는데, 직렬 케이블은 데이터를 1비트씩 전 송합니다.

반면에 병렬 케이블은 8비트나 16비트 단위로 여러 개의 데이터를 동시에 전송 합니다. 오래된 프린터의 케이블이나 SCSI라는 오래된 외장형 저장 장치의 케 이블 등은 병렬 케이블입니다.

네트워크에서 사용되는 케이블 규격

케이블에는 여러 가지 규격이 있습니다. 주요 규격으로는 RS-232C(EIA- 232-D), 이더넷(IEEE 802.3 시리즈), 광섬유 케이블(ANSI/TIA-568.3-D)이 있습니다.

RS-232C는 시리얼 케이블의 대표적인 규격입니다. 이전에는 대부분의 컴퓨터에 RS-232C 포트가 있었지만, 현재는 랙에 들어가는 서버나 라우터, 스위치에 콘솔(디스플레이와 키보드)을 연결할 때 사용됩니다.

이더넷은 연결 형태에 따라 규격이 다릅니다. 버스형 이더넷에는 10BASE5나 10BASE2 등 동축 케이블(1장 02절 참조)을 이용한 규격이 있습니다. 현재는 100BASE-T나 1000BASE-TX 같은 트위스트 페어 케이블(3장 31절 참조)을 사용한 스타형 이더넷 규격이 주류입니다(3장 29절 참조).

광섬유 케이블은 광섬유 코어의 전송 경로 수에 따라 싱글 모드와 멀티 모드 두 종류가 있으며, 각각 OS1, OS2, OM1~OM5 같은 규격이 있습니다. 규격에 따라 코어 지름, 파장, 대역폭이 달라집니다.

용어 노트

- SCSI: Small Computer System Interface의 약어. ANSI가 책정한 병렬 인터페이스 규격으로, 전송 속도는 5Mbps에서 320Mbps까지다. 하드디스크 등 외부 기억 장치의 인터페이스로 활용되었다.
- 콘솔: 서버나 네트워크 장치를 조작하려고 연결하는 기기다. 일반적으로 디스플레이와 키보드로 구성된다.
- 광섬유 코어: 광섬유 심선으로, 빛을 투과하는 유리 섬유로 만들었다. 유리 섬유는 구부러져도 빛이 내부를 통과할 수 있다.

▼ 그림 2-27 주요 케이블 규격의 종류

| RS-232C | 10BASE5 | 10BASE2 | LAN 케이블
(1000BASE-T 예) |

사진 제공: 산와서플라이 주식회사

❤ 그림 2-28 광섬유 케이블의 데이터 전송

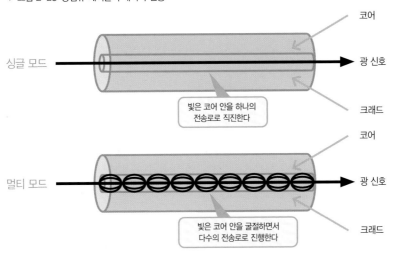

싱글 모드

코어

광 신호

빛은 코어 안을 하나의
전송로로 직진한다

크래드

멀티 모드

코어

광 신호

빛은 코어 안을 굴절하면서
다수의 전송로로 진행한다

크래드

❤ 표 2-5 광섬유의 파장과 특성

유형	파장	전송 속도(기준)	특징
OS1	1310~1550nm	~10Gbps	단일 모드: 전송 손실이 낮고 대역폭이 높기 때문에 기간 통신망에 적합하다.
OS2			
OM1	850~1300nm	~1Gbps	멀티 모드: 전송 손실이 상대적으로 높지만 저렴하고 연결하기 쉽다. 근거리 LAN에서 사용하기 적합하다.
OM2			
OM3			
OM4			
OM5			

21 커넥터
케이블을 이어 주는 연결부

각 장치를 네트워크에 연결하려면 케이블 연결부인 커넥터도 중요합니다. 커넥터 모양이 맞지 않으면 장치를 네트워크에 연결할 수 없습니다. 여기에서는 주요 커넥터를 살펴보겠습니다.

이더넷에서 사용되는 커넥터 규격

무선을 사용하지 않고 장치를 네트워크에 연결하려면 당연히 장치와 장치 간에 물리적인 연결이 필요합니다. 이 경우 케이블과 함께 케이블 연결 부분인 커넥터의 규격이나 형태가 중요합니다.

우선 RS-232C 케이블의 커넥터는 D-Sub 커넥터라고 합니다. RS-232C에는 신호선이 25개 있는데, 콘솔 연결이나 컴퓨터 간 통신이라면 신호선 몇 개면 충분하기 때문에 9핀인 D-Sub 커넥터가 자주 사용됩니다.

이더넷 케이블에 표준으로 사용되는 커넥터는 RJ-45입니다. 전화용 모듈러 잭(RJ-9)과 형태가 같지만, 4쌍의 트위스트 페어 케이블이므로 접점이 8개 있습니다.

광섬유 커넥터와 USB 커넥터

광섬유 커넥터에는 SC, LC, 듀얼 SC, 듀얼 LC, FC, ST, MU 등이 있습니다. 이들은 광 신호를 주고받는 커넥터로, 일반 네트워크 장비에 연결할 수 없습니다.

광 신호를 전기 신호로 변환(미디어 변환)해야 하기 때문입니다. 변환할 때는 SFP 트랜시버를 사용하며, 10Gbps 이상 고속으로 전송하는 스위치에는 SFP 포트가 있습니다.

USB 커넥터는 스마트폰 충전에 사용되기도 하지만 원래는 장치끼리 통신할 수 있는 규격입니다. USB에는 1.1, 2.0 등 규격과 별도로 Type-A, Type-C 등 커넥터 종류가 있는데, 규격과 커넥터 종류는 연동되지 않습니다. 규격에 따라 전송 속도와 용량이 달라지며, USB 3.x라고 해서 모두 고속 및 대용량을 지원하는 것은 아니므로 주의해야 합니다.

용어 노트

- D-Sub 커넥터: 정식으로는 D형의 subminiature(초소형) 커넥터를 의미한다. 접속면이 사다리꼴이고 세로로 하면 D자로 보인다고 해 붙여진 이름이라고 한다.
- SFP 트랜시버: LAN 케이블과 광섬유 케이블을 스위치에 연결하고자 SFP 포트에 연결하는 소형 소켓 모듈이다. 트랜시버란 트랜스미터(송신기)와 수신기(수신기)를 일체화시킨 것이다.
- USB: Universal Serial Bus의 약어. 전원 단자 이외에 데이터 전송용 신호선도 갖추고 있다.

▼ 그림 2-29 주요 커넥터 규격의 종류

이더넷
커넥터

D-Sub 커넥터　　　　RJ-45 커넥터

광섬유
커넥터

SC 커넥터　　　LC 커넥터　　　FC 커넥터　　　ST 커넥터

사진 제공: 산와서플라이 주식회사

▼ 그림 2-30 광섬유 커넥터를 스위치에 연결

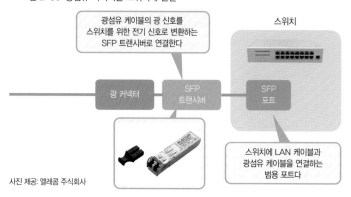

광섬유 케이블의 광 신호를
스위치를 위한 전기 신호로 변환하는
SFP 트랜시버로 연결한다

스위치

광 커넥터 → SFP 트랜시버 → SFP 포트

스위치에 LAN 케이블과
광섬유 케이블을 연결하는
범용 포트다

사진 제공: 엘레콤 주식회사

▼ 표 2-6 주요 USB 규격과 커넥터 규격

규격	전송 속도
USB 1.1	12Mbps
USB 2.0	480Mbps
USB 3.x	5~20Gbps
USB 4.0	40Gbps

커넥터 종류	설명	
USB Type-A	컴퓨터나 USB 허브 등에 사용된다.	
USB Type-B	프린터나 USB 마이크 등에 사용된다.	
USB Type-C	고속, 대용량을 지원한다.	
mini USB Type-A	소형 주변 기기용	
mini USB Type-B	소형 주변 기기용	
Micro USB Type-A	박형, 공간 절약형	
Micro USB Type-B	박형, 공간 절약형	
Micro USB3.0 Type-B	이동형 HDD 등에 채용되고 있다.	

22 DHCP

IP 주소를 자동으로 할당하는 프로토콜

DHCP는 LAN 내 장치에 IP 주소를 자동으로 할당하는 프로토콜입니다. DHCP 서버가 이 작업을 처리하지만, 일반적으로는 라우터와 기본 게이트웨이가 담당합니다.

IP 주소를 할당하는 DHCP

네트워크에 연결되는 각 장치의 IP 주소는 네트워크 관리자가 설정합니다. 인터넷에 접속하는 장치에는 글로벌 IP 주소를 설정하지만, LAN 내 장치에는 프라이빗 IP 주소를 임의로 할당하게 됩니다.

IP 주소 설정은 각 장치의 설정 화면에서 수동으로 설정할 수 있지만, 효율적이지 않고 실수가 발생하기 쉬우므로 DHCP(Dynamic Host Configuration Protocol)를 이용하여 자동으로 할당합니다. DHCP는 그 방식과 절차를 규정한 클라이언트 서버형 프로토콜입니다.

DHCP 서버는 클라이언트(컴퓨터나 네트워크 장치)의 요청에 따라 관리하는 IP 주소 중 적절한 것을 할당합니다. 클라이언트는 할당받은 정보로 자신의 설정 정보를 업데이트합니다.

DHCP 서버용 프로그램은 라우터, 고기능 스위치, 리눅스나 윈도 서버 등에 준비되어 있고, DHCP 클라이언트용 프로그램은 윈도, macOS, 리눅스, 안드로이드, iOS 등 주요 OS에 설치되어 있습니다.

IP 주소 자동 할당 절차

DHCP 서버가 IP 주소를 할당하는 절차로, 먼저 클라이언트가 브로드캐스트로 DHCP 서버를 찾는 메시지를 보냅니다(DHCP Discover). DHCP 서버는 메시지를 받으면 자신이 할당할 수 있다고 회신합니다(DHCP Offer). 클라이언트는 응답한 DHCP 서버에 IP 주소를 요청(DHCP Request)하고 마지막으로 DHCP 서버가 필요한 정보를 발행합니다(DHCP Ack).

> **용어 노트**
>
> • 클라이언트 서버형: 컴퓨터 사용 형태 중 하나다. 특정 처리를 전문으로 하는 컴퓨터를 서버라고 하고, 서버에 액세스해서 서비스를 이용하는 컴퓨터를 클라이언트라고 한다(3장 27절 참조).
> • DHCP 서버: DHCP 서버가 제공하는 정보에는 IP 주소 이외에 서브넷 마스크(2장 26절 참조)나 기본 게이트웨이(2장 25절 참조) 등도 있다.
> • 브로드캐스트: 동일한 세그먼트의 모든 장치에 동일한 데이터를 전송하는 것이다.
> • 정보를 발행: 발행된 IP 주소 등 정보에는 유효 기간을 설정할 수 있다. 유효 기간은 DHCP Ack가 발행된 시각부터 계산한다.

▼ 그림 2-31 DHCP를 이용한 IP 주소 할당 이미지

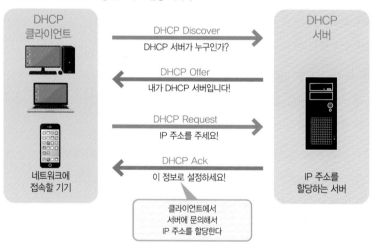

❤ 그림 2-32 자동 설정과 수동 설정의 화면(윈도 11)

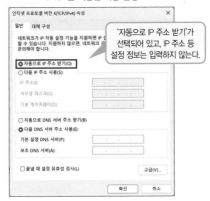

DHCP를 이용한 자동 설정

'자동으로 IP 주소 받기'가 선택되어 있고, IP 주소 등 설정 정보는 입력하지 않는다.

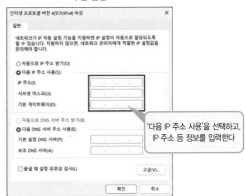

수동 설정

'다음 IP 주소 사용'을 선택하고, IP 주소 등 정보를 입력한다

설정 정보 확인 명령

IP 주소나 기본 게이트웨이 등 정보를 네트워크 관리자가 알려 주고 수동으로 설정할 때는 OS 설정 화면에서 그 내용을 확인할 수 있습니다. 그러나 DHCP를 활성화하면 윈도 설정 화면에서는 자동으로 설정된 내용을 확인할 수 없습니다.

이때는 명령 프롬프트나 셸을 이용하여 ipconfig /all 명령을 입력해서 설정 정보를 확인합니다.

23 NAT/NAPT

IP 주소를 변환하는 기능

LAN 내부에서 사용하는 프라이빗 IP 주소는 인터넷에서는 사용할 수 없는 주소입니다. LAN 내부의 컴퓨터가 인터넷에 액세스하려면 NAT 또는 NAPT를 사용해서 IP 주소를 변환해야 합니다.

할당된 글로벌 IP 주소를 사용하는 NAT

인터넷에 연결하려면 글로벌 IP 주소가 필요합니다. 그러나 일반적으로 LAN 내부 컴퓨터에는 프라이빗 IP 주소만 할당됩니다. 그래서 그 상태로는 컴퓨터에서 인터넷에 접속할 수 없습니다. 이 IP 주소 문제를 해결하는 방법 중 하나가 NAT(Network Address Translation) 또는 NAPT(Network Address Port Translation)입니다. NAT는 다음 방식으로 작동합니다.

먼저 기업 등에 할당된 글로벌 IP 주소와 각 장치에 설정된 프라이빗 IP 주소의 일대일 대응 변환표를 작성합니다. 특정 프라이빗 IP 주소에서 인터넷으로 액세스 요청이 있으면 변환표를 사용하여 글로벌 IP 주소를 해당 통신에 할당합니다.

인터넷에서 할당받은 글로벌 IP 주소로 응답이 있으면 대응하는 프라이빗 IP 주소의 장치로 IP 주소를 변환해서 통신합니다.

TCP/UDP 포트 번호도 이용하는 NAPT

NAT에서는 사용할 수 있는 글로벌 IP 주소가 적으면 여러 장치에서 액세스하기가 어렵습니다. 그런 문제를 해소하고 적은 글로벌 IP 주소를 효율적으로 사용할 수 있게 하는 기술이 바로 NAPT입니다.

NAPT에서는 IP 주소 변환표 외에 TCP/UDP의 **출발지 포트 번호**도 사용합니다. 동일한 글로벌 IP 주소라도 프라이빗 IP 주소마다 다른 포트 번호를 할당하면 어떤 컴퓨터에서 보낸 요청인지, 어떤 컴퓨터에 대한 응답인지 구별할 수 있습니다.

용어 노트

- TCP/UDP: IP보다 상위에 있는 4계층 프로토콜. 클라이언트와 서버 간 통신을 관리하거나 포트 번호를 제공한다. 포트 번호는 TCP 또는 UDP 패킷의 헤더에 추가된다.
- 출발지 포트 번호: TCP 또는 UDP 통신에서는 패킷의 헤더에 출발지 포트 번호와 목적지 포트 번호가 추가된다. 일반적으로 출발지 포트 번호는 송신자 단말기(사용자) 또는 앱을 특정하는 번호를 지정하고, 목적지 포트 번호는 접속할 곳의 앱을 지정한다.

▼ 그림 2-33 NAT 구조

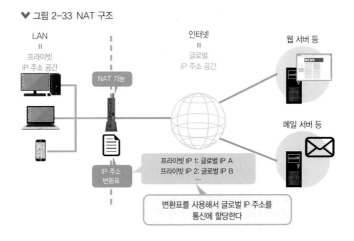

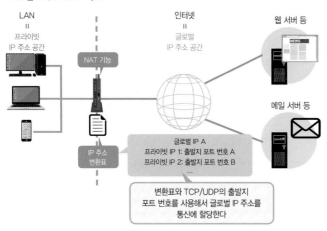

▼ 그림 2-34 NAPT 구조

LAN
=
프라이빗
IP 주소 공간

NAT 기능

IP 주소
변환표

인터넷
=
글로벌
IP 주소 공간

웹 서버 등

메일 서버 등

글로벌 IP A
프라이빗 IP 1: 출발지 포트 번호 A
프라이빗 IP 2: 출발지 포트 번호 B
...

변환표와 TCP/UDP의 출발지
포트 번호를 사용해서 글로벌 IP 주소를
통신에 할당한다

ONE POINT

LAN 내에서 글로벌 IP 주소를 사용할 수 있을까?

LAN 내부 컴퓨터에 글로벌 IP 주소를 할당할 수도 있습니다. 다만 글로벌 IP 주소를 풍부하게 보유한 기업은 한정되어 있으므로 그렇게 운영하는 것은 현실적이지 않습니다. 덧붙여 각 컴퓨터가 글로벌 IP 주소를 사용한다는 것은 인터넷에서 그 장치에 직접 액세스할 수 있다는 의미도 됩니다. 보안 측면을 고려하면 이런 운영 방식에는 상당한 주의와 대책이 필요합니다. 내부 주소나 구성 등을 알 수 없게 하는 것은 현재 네트워크 관리에서 기본적인 대책입니다. 기업 내 장치가 직접 인터넷에 액세스하거나 액세스되는 일이 없도록 중간에 대행하는 서버를 설치하기도 합니다. 이런 서버를 프록시라고 합니다.

24 라우팅
통신 경로를 제어하는 기능

인터넷은 전 세계 LAN을 연결한 것이라고 할 수 있습니다. 방대한 양의 패킷을 처리하려면 목적지 지정뿐만 아니라 경로를 제어하는 라우팅이라는 기술이 필요합니다.

경로를 제어하는 라우팅

라우터의 기본 기능은 패킷을 참조해서 자신이 관리하는 LAN으로 들어오는 패킷은 받아들이고, 그렇지 않으면 다른 라우터로 전달하는 것입니다(2장 16절 참조). 라우터 역할에는 안팎의 교통 정리 이외에도 어떤 라우터를 경유해서 패킷이 목적지까지 도달하는지 같은 경로(루트) 제어도 있습니다.

경로를 제어할 수 있으면 경유하는 라우터 수를 최소화하거나 고장 난 라우터를 우회할 수 있습니다. 회선 속도나 요금을 판단해서 최단 경로나 최저 요금 경로로 제어할 수도 있겠지요. 이런 경로 정보를 메트릭이라고 합니다. 메트릭 및 목적지 라우터 정보는 라우팅 테이블이라는 표로 관리됩니다.

라우팅 프로토콜의 종류

라우터 간 경로를 제어하고자 정보를 교환하는 프로토콜을 라우팅 프로토콜이라고 하며, IGP(Interior Gateway Protocol)와 EGP(Exterior Gateway Protocol) 두 종류가 있습니다. IGP는 동일한 관리 정책의 라우터(Autonomous System, AS)끼리 경로를 제어하는 프로토콜입니다.

동일한 관리 정책으로 동작하는 라우터는 AS 번호라는 식별자로 구별되며, LAN 내부도 LAN 외부도 대상이 됩니다. AS 번호는 일반적으로 통신 사업자 및 공급자별로 할당됩니다. 반면에 EGP는 AS의 라우팅 정보를 교환하는 프로토콜입니다.

라우팅 프로토콜은 라우팅 정보의 취급 방법과 동작 방식에 따라 거리 벡터형, 링크 스테이트형, 하이브리드형, 경로 벡터형으로 나눌 수 있습니다.

용어 노트

- 관리 정책: 자사나 자체 조직이 관리하는 네트워크의 세그먼트 구성이나 분할 방법 등을 결정하는 기준이나 절차다.
- AS 번호: 프로토콜상 동일한 관리 정책이 적용되는 네트워크 단위에 할당하는 ID 번호다. 실제 인터넷에서는 통신사나 공급자별로 할당되며, IP 주소를 관리하는 IANA에서 관리한다.

❤ 그림 2-35 라우팅의 동작 방식

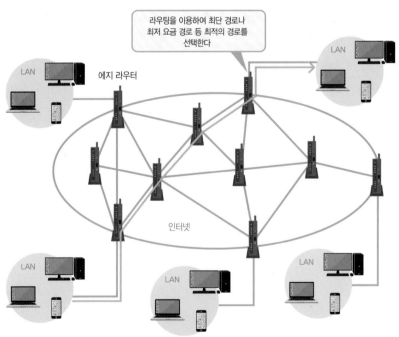

라우팅을 이용하여 최단 경로나 최저 요금 경로 등 최적의 경로를 선택한다

LAN
에지 라우터
LAN
LAN
LAN
LAN
LAN
인터넷

▼ 그림 2-36 라우팅 프로토콜의 종류와 유형

IGP (Interior Gateway Protocol) 같은 관리 정책 라우터 간 경로를 제어하는 프로토콜	거리 벡터형 라우터 간 거리와 방향 테이블을 만들고 라우터 간에 공유한다	링크 스테이트형 라우터의 링크 상태를 데이터베이스화해서 경로를 판단한다	하이브리드형 거리 벡터형과 링크 스테이트형 양쪽 기능을 가진다
	프로토콜 • RIP(Routing Information Protocol) • IGRP(Interior Gateway Routing Protocol)	**프로토콜** • OSPF(Open Shortest Path First) • IS–IS(Intermediate System to Intermediate System)	**프로토콜** • EIGRP(Enhanced Interior Gateway Routing Protocol)

EGP (Exterior Gateway Protocol) AS 간 라우팅 정보를 주고받는 프로토콜	거리 벡터형 라우터 간 거리와 방향 테이블을 만들고 라우터 간에 공유한다	경로 벡터형 거리 및 방향과 우선순위 등 속성 정보로 라우팅 테이블을 관리한다
	프로토콜 • EGP(Exterior Gateway Protocol) : 그다지 사용되지 않는다	**프로토콜** • BGP(Border Gateway Protocol) : 권장된다

25 기본 게이트웨이

라우터가 판단할 수 없는 미지의
패킷을 보내는 곳

라우터는 자신이 관리하는 LAN으로 들어오는 패킷과 목적지를 알고 있는 패킷을 제외하고는 기본적으로 폐기합니다. 미지의 패킷이 도착했을 때는 일단 처리해 줄 기본 게이트웨이가 필요합니다.

미지의 패킷을 처리하는 원리

라우터는 자신이 관리하는 LAN으로 들어오는 패킷을 제외하고는 **라우팅 테이블**에 따라 다른 라우터로 패킷을 전달합니다. 보내는 곳은 일반적으로 인접 라우터(이웃)이며, 인접 라우터도 마찬가지로 자기 앞으로 오는 패킷이 아니면 자신의 라우팅 테이블을 참조해서 인접 라우터로 전송합니다. 이 과정을 반복하여 최종 목적지 라우터로 패킷을 전달합니다.

자신이 관리하는 LAN으로도 오지 않고 라우팅 테이블을 봐도 어디로 보낼지 알 수 없는 패킷이 도착하면 기본적으로 라우터는 패킷을 버립니다. 어떻게 처리할지 알려지지 않은 패킷은 중간에 버리는 것입니다. 라우팅 프로토콜에는 기본 게이트웨이라는 사고방식이 있어 자신이 판단할 수 없는 IP 주소의 패킷을 기본으로 **전송할 곳**을 지정할 수 있습니다.

기본 게이트웨이의 IP 주소

LAN 내부의 장치 간 통신에서는 일반적으로 LAN을 관리하는 라우터가 목적지 IP 주소를 알고 있기 때문에 올바른 목적지로 패킷을 전송할 수 있습니다. LAN 외부의 인터넷 웹 사이트용 패킷도 라우터로 전송할 수 있습니다. 라우터에는 외부 네트워크와 연결하는 포트가 있으며, 라우팅 테이블에서 적절한 인접 라우터로 패킷을 전송합니다. 따라서 LAN 내 각 장치의 기본 게이트웨이는 라우터의 IP 주소를 지정합니다.

기본 게이트웨이는 외부 네트워크에 연결된 라우터에도 설정할 수 있습니다. 라우팅 테이블에서 판단할 수 없는 목적지(IP 주소)는 상위에 있는 다른 라우터나 인터넷 경계에 있는 라우터를 지정할 수 있습니다.

> **용어 노트**
>
> - 라우팅 테이블: 라우터가 관리하는 IP 주소의 대응표를 의미한다. 라우팅 테이블에는 라우터까지 거리(라우터 몇 대를 경유하는가)나 회선 속도 등 정보도 들어 있다.
> - 전송할 곳: 전송할 곳으로서 다른 라우터나 서버 등을 의미한다.

▼ 그림 2-37 기본 게이트웨이로 패킷 전송

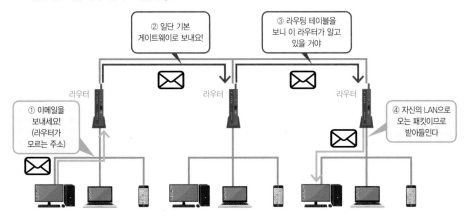

▼ 그림 2-38 기본 게이트웨이의 설정 구조

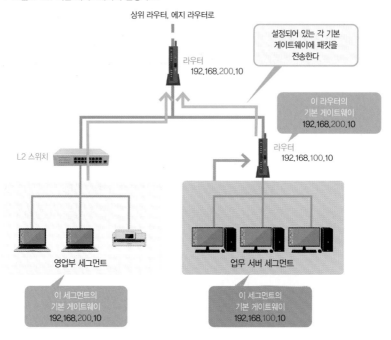

상위 라우터, 에지 라우터로

설정되어 있는 각 기본
게이트웨이에 패킷을
전송한다

라우터
192.168.200.10

이 라우터의
기본 게이트웨이
192.168.200.10

라우터
192.168.100.10

L2 스위치

영업부 세그먼트

업무 서버 세그먼트

이 세그먼트의
기본 게이트웨이
192.168.200.10

이 세그먼트의
기본 게이트웨이
192.168.100.10

26 서브넷
네트워크를 세그먼트로 분할하는 구조

네트워크는 일반적으로 계층 구조로 구성됩니다. 서브넷은 하나의 네트워크를 여러 세그먼트로 나누는 것을 의미합니다. 어떤 네트워크에 대해 하나하나의 세그먼트를 서브넷이라고 합니다.

네트워크를 분할하는 방식

일반적인 LAN은 장비의 종류나 용도, 사용 부서 등에 따라 세그먼트로 분할됩니다. IP 네트워크에서는 IP 주소 상위 1비트부터 5비트까지 패턴에 따라 주소 영역을 클래스 A~E로 나누어 생각합니다(클래스 주소).

클래스 주소는 글로벌 IP 주소의 배포 단위로 이용되었으나, 클래스 방식은 배포에 낭비가 많아 IP 주소의 임의의 비트 위치에서 클래스 부분(네트워크부)과 주소 부분(호스트부)으로 구분하는 CIDR 방식이 사용되었습니다.

네트워크부는 IP 주소 상위에서 임의의 비트 수를 사용해서 그 네트워크를 대표하는 주소입니다. 호스트부는 해당 네트워크 내에서 사용할 수 있는 개별 주소 범위입니다. 예를 들어 클래스 C의 '192.168.100'이 네트워크부라면 192.168.100.0에서 192.168.100.255까지 주소[1]를 각각의 호스트(기기)에 할당할 수 있습니다.

---

1 처음과 마지막 주소(비트 패턴이 전부 0과 전부 1)는 IP 프로토콜로 예약되어 있기 때문에 실제 기기에 사용할 수 있는 주소는 254(=256-2)개가 됩니다.

네트워크부와 호스트부를 나타내는 방식

CIDR 방식으로 분할한 네트워크가 서브넷입니다. 서브넷의 네트워크부와 호스트부 구분은 서브넷 마스크로 나타냅니다. 네트워크부의 비트 패턴을 모두 1(255)로 하고 나머지를 모두 0으로 한 주소 표기가 서브넷 마스크입니다. 앞의 예에서는 '255.255.255.0'이 서브넷 마스크입니다.

개별 호스트의 IP 주소만 봐서는 서브넷 구분이 몇 비트째인지 알 수 없습니다. 그 때문에 CIDR 방식에서는 IP 주소의 뒤에 슬래시와 네트워크부의 비트 수[2]를 붙인 프리픽스 표기로 나타냅니다.

용어 노트

- IP 네트워크: IP 주소로 관리되는 네트워크 공간이다.
- 클래스 방식: 조직에 할당할 주소 블록을 클래스 주소 단위로 나누는 방식이다.

---

2 192.168.100.20이라는 호스트 주소는 네트워크 부분의 비트 수가 24이므로 192.168.100.20/24로 표기됩니다. 네트워크부와 호스트부는 임의의 위치로 구분할 수도 있습니다.

❤ 그림 2-39 IPv4의 클래스 주소

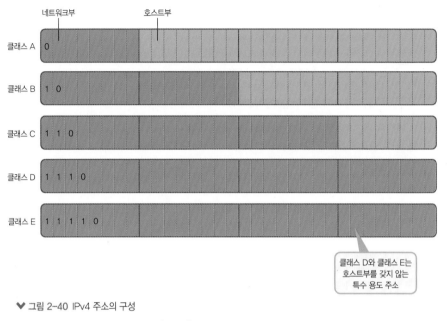

네트워크부	호스트부

클래스 A | 0

클래스 B | 1 0

클래스 C | 1 1 0

클래스 D | 1 1 1 0

클래스 E | 1 1 1 1 0

클래스 D와 클래스 E는
호스트부를 갖지 않는
특수 용도 주소

❤ 그림 2-40 IPv4 주소의 구성

IPv4 주소(32비트)

192.168.100.0~255

네트워크부　　　　　　호스트부

해당 네트워크를 대표하는
네트워크부와 네트워크 내에서
쓸 수 있는 개별 주소
호스트부로 분할된다

❤ 그림 2-41 서브넷 구분을 표현하는 프리픽스 표기

IP 주소　　　　　　　　프리픽스

192.168.100.20/24

고정 24비트　　　　임의 8비트

IP 주소 뒤에 슬래시와
네트워크부의 비트 수를
붙여서 나타낸다

1100 0000	1010 1000	0110 0100	0000 0000	192.168.100.	0
⁞				⁞	
1100 0000	1010 1000	0110 0100	1111 1111	192.168.100.	255
~					
1100 0000	1010 1000	0110 0101	0000 0000	192.168.101.	0
⁞				⁞	
1100 0000	1010 1000	0110 0101	1111 1111	192.168.101.	255

COLUMN IPv6 전환의 필요성

IP 주소 고갈에 따른 IPv6의 필요성

IPv4는 가장 기본적인 IP 프로토콜입니다. 인터넷이 보급된 시대의 유일한 IP 주소였기 때문에 지금도 IPv4를 전제로 설계된 네트워크 소프트웨어 등이 많이 남아 있습니다.

IPv4에서는 이용할 수 있는 IP 주소 할당이 모두 끝났으므로 신규 IP 주소를 발행할 수 없습니다. 중국이나 인도, 일부 신흥국 등에서는 이미 국내 IP 주소가 부족해서 필연적으로 IPv6의 IP 주소를 사용하고 있습니다. 언급한 국가에서는 현재 인터넷 트래픽의 약 절반이 IPv6 패킷입니다. 또 일본에서도 약 40%가 IPv6의 IP 주소로 되어 있습니다(2021년 기준).

트래픽 증대에 따른 IPv6로 전환

인터넷과 LAN 사이에는 일반적으로 프라이빗 IP 주소와 글로벌 IP 주소를 변환하는 NAT 또는 NAPT(2장 23절 참조)라는 기술이 있습니다. NAPT가 있으면 적은 글로벌 IP 주소를 효율적으로 사용할 수 있기 때문에 IP 주소가 부족한 신흥국 등에서는 중요한 기술입니다.

그러나 NAPT를 사용해서 IPv4의 IP 주소를 국가별로 공유하는 데는 한계가 있습니다. 예를 들어 공유하는 사설 IP 주소가 클수록 NAPT가 병목되어 성능이 저하됩니다. 또 현대에는 동영상 재생 등으로 트래픽이 계속 증가하자 여러 인터넷 선진국은 IPv6로 전환하고 있습니다. IPv6로 전환하려면 PC나 스마트폰 등 단말기, 라우터, DNS 서버, 웹 서버 등 인터넷 인프라를 IPv6에 대응시켜야 합니다. 기기 제조 업체나 통신 사업자, 프로바이더 등이 보유한 기기를 대응시키는 것이므로, 사용자가 의식하지 못하는 사이에도 IPv6로 전환되고 있습니다.

3장

네트워크 종류와
구성을 알아보자

네트워크는 LAN이나 WAN 같은 네트워크 범위, 유선이나 무선
같은 연결 방법 등에 따라 종류가 다양합니다. 이 장에서는 각 기
기를 네트워크에 연결하는 방법과 인터넷, 모바일 네트워크 등을
활용한 네트워크 구성의 특징 등을 설명합니다.

27 클라이언트 서버형과 피어 투 피어형

장치를 연결하는 방식의 차이

네트워크에는 컴퓨터, 서버, 프린터, 복합기 등 다양한 장치가 연결됩니다. 장치를 연결하는 방법으로는 각 장치의 역할에 따라 클라이언트-서버형이나 피어 투 피어형 등이 있습니다.

클라이언트-서버형의 구조

클라이언트-서버형(서버-클라이언트형)은 미니컴퓨터나 워크스테이션 등이 발전하면서 함께 확산된 형태입니다. 한쪽에서는 업무 애플리케이션이나 네트워크 애플리케이션 등을 실행하여 서비스를 제공하고, 다른 컴퓨터(단말기)에서는 네트워크를 통해 서비스를 받습니다. 이때 서비스를 제공하는 쪽을 서버, 서비스를 받는(요청하는) 쪽을 클라이언트라고 합니다. 예를 들어 이메일을 제공하는 것은 메일 서버, 파일(스토리지)을 제공하는 것은 파일 서버 등으로 부릅니다.

서버나 클라이언트 명칭은 장치 역할에 따라 붙기 때문에 메인프레임이나 워크스테이션이라도 다른 컴퓨터의 프로그램이나 서비스를 이용할 때는 '클라이언트'가 됩니다. 예를 들어 IoT 장치 등에서는 감시 카메라가 서버로서 처리(서비스)를 제공하기도 합니다.

피어 투 피어형의 필요성

TCP/IP 및 인터넷도 전 세계 미니컴퓨터 등을 연결하려고 고안된 프로토콜 및 기술입니다. 인터넷은 클라이언트–서버 형태로 사용하는 것이 기본입니다. 하지만 인터넷에서도 실시간 동영상 전송(패킷 방식은 효율성이 떨어짐), 고도화 및 맞춤형 통신 등으로 서버를 거치지 않고 단말기끼리 직접 통신하는 것이 효율적일 때가 있습니다.

인터넷에서는 IP 주소와 전용 통신 앱 등을 사용하여 LAN의 단말기끼리 직접 연결할 수 있습니다. 이런 연결 방식을 **피어 투 피어**(Peer to Peer, P2P)라고 합니다.

> **용어 노트**
>
> - 미니컴퓨터나 워크스테이션: 1960년대 메인프레임 컴퓨터에 대비되는 컴퓨터로, 1970년대 중반부터 보급되기 시작해서 주로 대학 및 연구 기관에서 활용되었다.
> - 서버: 미니컴퓨터나 워크스테이션 등을 연결한 LAN 환경에서 특정 처리나 기능을 다른 컴퓨터에 제공하는 컴퓨터다.
> - 클라이언트: 서버에 연결해서 특정 처리나 기능을 이용하는 컴퓨터다.
> - 피어 투 피어: 피어는 '대등한 동료'라는 의미다. 대등한 장치끼리 직접 연결해서 기능이나 데이터 등을 서로 이용하는 구조다.

▼ 그림 3-1 클라이언트 서버형의 구조

서버
처리나 기능, 데이터 등 서비스를 제공하는 쪽

서버

서버 설치 장소는 LAN 안이나 밖, 인터넷 등으로 예상된다

제공

요청

클라이언트
처리나 기능, 데이터 등 서비스를 받는(요청하는) 쪽

클라이언트

서비스를 받는 것은 모두 클라이언트로, 꼭 컴퓨터가 아니어도 된다

◆ 그림 3-2 피어 투 피어형의 구조

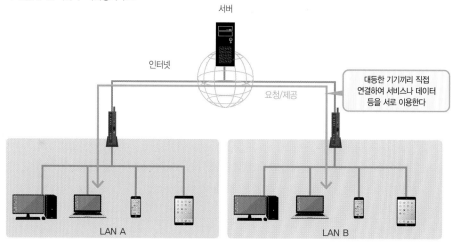

서버

인터넷

요청/제공

대등한 기기끼리 직접
연결하여 서비스나 데이터
등을 서로 이용한다

LAN A

LAN B

중앙 집중형

네트워크 이용 형태와 관리 방식에 따라 중앙 집중형으로 분류하기도 합니다. 중앙 집중형
은 과거 컴퓨터 이용 형태를 기반으로 한 것으로, 대형 컴퓨터(호스트 컴퓨터)에 전동 타자
기 같은 단말기를 다수 연결하는 방식입니다. 중앙 호스트 컴퓨터가 모든 처리를 담당하고,
CPU의 짧은 처리 시간을 순차적으로 할당하는 TSS(Time Sharing Service) 방식으로
단말기가 처리를 수행합니다.

28

LAN
제한된 범위의 네트워크

Local Area Network(로컬 영역 네트워크)를 줄여서 LAN이라고 합니다. 일반적으로는 같은 건물 내부나 같은 층처럼 비교적 좁은 범위의 네트워크를 가리킵니다. 이번에는 LAN을 자세히 알아보겠습니다.

좁은 범위의 네트워크를 가리키는 LAN

LAN 정의는 간단하지 않지만, 일반적으로는 같은 건물 내부나 같은 층 등 제한된 범위의 네트워크를 의미합니다. 기업이나 대학 등에서 같은 부지 내에 복수의 건물이 있을 때가 있는데, 이들을 하나의 LAN으로 관리하기도 합니다. 또 본사와 지사 등 지리적으로 떨어져 있는 거점을 중앙에서 관리하고자 하나의 LAN으로 구성하기도 합니다.

LAN을 구성하는 장치와 프로토콜

현재 LAN을 구성하는 네트워크는 이더넷(3장 29절 참조)이 주류입니다. 이더넷에서는 트위스트 페어 케이블로 만든 LAN 케이블로 장치끼리 연결합니다. 각 장치를 연결할 때는 RJ-45라는 규격의 커넥터(2장 21절 참조)를 사용합니다.

이더넷에서는 연결 대상(컴퓨터, 서버, 프린터 등)을 식별하는 데 MAC 주소 (2장 11절 참조)를 이용합니다. 노드 식별자는 MAC 주소만으로 충분하지만, 실제로는 이더넷(데이터 링크 계층)의 상위 계층 프로토콜, TCP/IP(네트워크 계층)의 식별자인 IP 주소(2장 09절 참조)도 이용합니다.

MAC 주소는 주소 값에 계층 구조가 없습니다. 따라서 부서마다 계층 구조를 갖는 일반적인 기업의 LAN 구성이나 관리가 번거로워지므로 이더넷 프레임 (3장 29절 참조)의 페이로드에 포함된 IP 주소를 사용해서 네트워크를 구성하는 L3 스위치를 이용합니다. 스위치는 원래 2계층(L2)의 장치로, MAC 주소밖에 식별할 수 없지만, L3 스위치는 IP 주소도 식별자로서 이용할 수 있습니다.

용어 노트

- 이더넷: 제록스 팔로알토연구소가 발명한 패킷 통신 기술이다. 1980년 IEEE 802 위원회에서 규격화되었다.
- MAC 주소: 네트워크에 연결된 하나의 장치에 할당된 식별자다. 하위 24비트는 일련번호다.
- L3 스위치: 스위치는 본래 L2의 장치이지만 최근에는 내부에서 라우팅 기능(2장 24절 참조)이나 TCP/IP 등 L3 이상의 프로토콜을 처리하는 제품도 있다.

인터넷

에지 라우터로 인터넷
(외부 LAN)에 연결한다

에지 라우터

IP 주소를 식별할 수 있는
L3 스위치로 L2 스위치를
묶는다

L3 스위치

L2 스위치   L2 스위치   L2 스위치

영업부 세그먼트   개발부 세그먼트   업무 서버 세그먼트

MAC 주소를 식별하는
L2 스위치로 각 장치를 묶어
세그먼트로 모은다

ONE POINT

구체적인 LAN의 실체

LAN에 연결된 장치를 생각하면 우선 컴퓨터와 서버는 LAN 케이블로 스위치와 연결됩니다. 스위치는 LAN의 최소 단위를 구성합니다. 각 스위치는 L3 스위치나 라우터를 이용해서 과, 부, 사업소 등 조직 구성에 따라 묶습니다. 이것이 구체적인 LAN의 실체이며, L2 스위치로 묶인 LAN은 그대로는 다른 스위치로 묶인 LAN과 통신할 수 없습니다.

이를 해결하기 위해 스위치를 캐스케이드 연결(2장 18절 참조)로 하거나 모든 장치를 연결할 수 있는 스위치를 이용합니다. 하지만 캐스케이드 연결에는 대수 제한이 있습니다. 또 사무실을 하나의 LAN으로 관리하는 것은 유지 보수가 번거롭고 보안상 문제가 될 수 있습니다. 그래서 L2 스위치를 묶어 다른 LAN 사이에서 교통을 정리하는 라우터(또는 L3 스위치)를 도입해서 대응합니다.

29 이더넷
오피스 내부를 연결하는 네트워크

현재 LAN은 대부분 이더넷 표준을 사용합니다. 이더넷은 회선의 사용 상황을 탐지하여 통신의 시작이나 대기를 판단하는 방식을 택하고 있습니다. 여기에서는 이더넷의 특징과 통신 방식을 설명합니다.

이더넷의 기본 원리

사무실이나 연구실의 장치를 연결하는 네트워크로 이더넷이 개발되었습니다. 다수의 장치가 독자적인 타이밍에 통신을 시작하는 것을 목표로 잡고 패킷 통신(2장 15절 참조)을 이용한 랜덤 액세스 방식을 채용했습니다.

랜덤 액세스 방식은 전송 중일 때 다른 기기가 전송 중이면(충돌 탐지) 조금 기다린 후 재전송을 시도하는 원리입니다. 회선의 사용 상황을 탐지해서 재전송하는 방식을 CSMA/CD라고 합니다. 재전송 대기 시간에 재전송 횟수를 고려한 난수를 이용해서 재전송 충돌률을 낮추는 CSMA/CA 방식도 있습니다.

개발 당시에는 태핑으로 각 기기를 연결하는 버스형 네트워크였습니다. 하지만 전송 속도가 100Mbps(100BASE-T) 이상이면 CSMA/CD 방식이 제대로 작동하지 않기 때문에, 현재는 스위칭 허브(2장 19절 참조)를 이용하여 패킷 식별자로 목적지를 전환하는 스타형 네트워크로 구성하고 있습니다.

이더넷 프레임의 구조

이더넷으로 주고받는 데이터 덩어리를 이더넷 프레임이라고 합니다. 이더넷 프레임의 구조는 비교적 단순해서 패킷의 출발지 식별자 정보, 목적지 식별자 정보, 패킷 종류나 페이로드 프로토콜 정보(타입 필드), 페이로드, 체크섬이라는 다섯 가지 필드로 나눌 수 있습니다. 이더넷 식별자는 MAC 주소(2장 11절 참조)를 이용합니다. 앞서 말한 스위칭 허브(허브: 2장 19절 참조)는 이 MAC 주소를 참조해서 어느 포트와 어느 포트를 연결하면 좋을지 판단합니다.

> **용어 노트**
>
> - CSMA/CD: Carrier Sense Multiple Access with Collision Detection의 약어다.
> - CSMA/CA: Carrier Sense Multiple Access with Collision Avoidance의 약어다.
> - 태핑: 동축 케이블 외피에 금속 침으로 구멍을 내서 중심선에 직접 연결하는 방법이다.
> - 이더넷 프레임: 이더넷 프로토콜에서 헤더나 페이로드를 포함한 데이터 전송 단위다. TCP/IP에서 패킷이라고 불리는 것과 같다.
> - 체크섬: 전송 오류를 찾아내는 부호다. 원본 데이터에서 얻은 계산 값과 수신한 데이터의 계산 값을 비교했을 때 서로 일치하지 않으면 올바르게 전송되지 않은 것으로 판단한다.

▼ 그림 3-4 CSMA/CD 방식의 구조

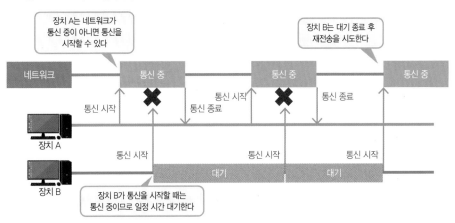

❤ 그림 3-5 이더넷에서 버스형과 스타형의 특징

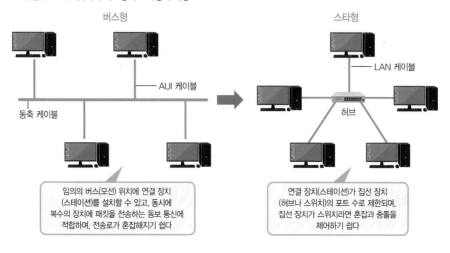

버스형

AUI 케이블

동축 케이블

임의의 버스(모선) 위치에 연결 장치
(스테이션)를 설치할 수 있고, 동시에
복수의 장치에 패킷을 전송하는 동보 통신에
적합하며, 전송로가 혼잡해지기 쉽다

스타형

LAN 케이블

허브

연결 장치(스테이션)가 집선 장치
(허브나 스위치)의 포트 수로 제한되며,
집선 장치가 스위치라면 혼잡과 충돌을
제어하기 쉽다

❤ 그림 3-6 이더넷 프레임의 구조

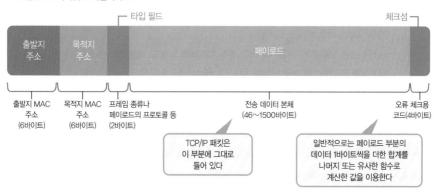

타입 필드

체크섬

| 출발지
주소 | 목적지
주소 | | 페이로드 | |

출발지 MAC
주소
(6바이트)

목적지 MAC
주소
(6바이트)

프레임 종류나
페이로드의 프로토콜 등
(2바이트)

전송 데이터 본체
(46~1500바이트)

오류 체크용
코드(4바이트)

TCP/IP 패킷은
이 부분에 그대로
들어 있다

일반적으로는 페이로드 부분의
데이터 1바이트씩을 더한 합계를
나머지 또는 유사한 함수로
계산한 값을 이용한다

30 무선 LAN
전파로 장치를 연결한 네트워크

무선 LAN은 케이블이 아니라 전파를 사용해서 무선으로 연결되는 LAN입니다. 전파가 닿는 범위라면 장치를 자유롭게 설치할 수 있지만, 전파를 가로챌 위험이 있어 보안 대책을 세워 둘 필요가 있습니다.

전파를 사용하는 무선 LAN의 장점과 단점

무선 LAN은 무선으로 연결된 네트워크를 의미합니다. 무선으로 연결되므로 케이블의 제약 없이 전파가 닿는 범위 내에서 자유롭게 장치를 설치할 수 있다는 장점이 있습니다. 하지만 전파는 누군가 무단으로 가로챌 수 있는 위험이 있습니다.

허용되지 않은 연결을 차단하는 방법으로는 MAC 주소(2장 11절 참조)를 이용하는 방법(MAC 주소 인증)이 있습니다. 또 IEEE 802.11 시리즈에서는 무선 통신을 암호화하는 방법도 있습니다.

무선 LAN에 연결하려면 SSID를 지정해서 액세스 포인트(2장 17절 참조)를 식별합니다. 일반적으로 SSID는 주변에 브로드캐스트되지만, 이를 제한하는 기능(스텔스 SSID)도 있습니다.

무선 LAN의 보안 대책

일반적으로 무선 LAN은 도청 위험이 높다고 여겨지므로 앞서 언급한 보안 기능이 프로토콜에 구현되어 있습니다. 그러나 이런 프로토콜의 보안이 완전하다고는 할 수 없습니다. 예를 들어 MAC 주소 인증의 경우 주소 테이블을 조사하는 프로토콜이 있습니다. 또 스텔스 SSID도 프로토콜을 알고 있으면 SSID를 알려 달라고 요청할 수 있습니다.

암호화도 오래된 WEP 방식은 안전하지 않습니다. WEP에 이용되는 암호화 기술(RC4)은 현재 컴퓨터의 성능이면 몇 시간 안에 분석 가능하며 분석 도구도 있습니다. WPA나 WPA2와 같은 새로운 암호화 기술 이용이 필수적입니다. 무선 LAN을 안전하게 이용하려면 LAN 내 별도 인증 서버를 설치하는 등 상위 계층에서 대책도 필요합니다.

용어 노트

- 무선 LAN: 규격으로서는 IEEE 802.11(3장 31절 참조)이 규정되어 있고, 통신에는 2계층을 사용한다.
- MAC 주소 인증: 액세스 포인트에 등록된 주소 테이블을 사용하고, 사전에 등록된 장치만 연결시키는 기능이다.
- 스텔스 SSID: SSID를 주변에 알리지 않아 참조할 수 없게 하는 기능이다.
- 도청: 유선 LAN에서도 케이블에 작업하거나 특수한 소프트웨어를 사용해서 도청할 수 있지만, 무선 LAN은 떨어져 있어도 전파를 수신할 수 있기 때문에 일반적으로 도청 위험이 높다고 여겨진다.
- WEP: RC4 알고리즘을 이용한 암호 방식이다. 다양한 취약점이 발견되어 사용을 권장하지 않는다.
- WPA: TKIP로 암호화를 복잡하게 한 방식이다. 현재 개량이 진행되고 있으며 WPA2나 WPA3가 등장했다.

♥ 그림 3-7 무선 LAN의 장점과 단점

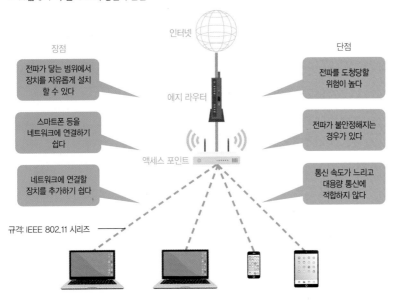

인터넷

장점

전파가 닿는 범위에서
장치를 자유롭게 설치
할 수 있다

스마트폰 등을
네트워크에 연결하기
쉽다

네트워크에 연결할
장치를 추가하기 쉽다

에지 라우터

단점

전파를 도청당할
위험이 높다

전파가 불안정해지는
경우가 있다

통신 속도가 느리고
대용량 통신에
적합하지 않다

액세스 포인트

규격: IEEE 802.11 시리즈

♥ 그림 3-8 서버를 이용한 연결 단말기나 사용자 인증

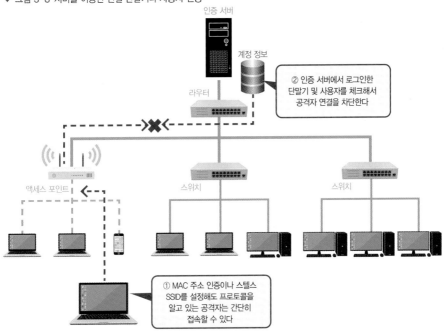

인증 서버

계정 정보

② 인증 서버에서 로그인한
단말기 및 사용자를 체크해서
공격자 연결을 차단한다

라우터

액세스 포인트

스위치

스위치

① MAC 주소 인증이나 스텔스
SSID를 설정해도 프로토콜을
알고 있는 공격자는 간단히
접속할 수 있다

31 IEEE 802.x 규격
LAN을 규정하는 규격

IEEE 802 시리즈는 LAN(Local Area Network)에 관한 다양한 사양을 규정하는 규격 체계입니다. 이더넷이나 무선 LAN이라고 하는 규격도 IEEE 802 시리즈로 규정되어 있습니다.

IEEE 802.3은 이더넷 규격

IEEE 802.3은 현재 LAN을 대표하는 이더넷(3장 29절 참조) 규격입니다. 이더넷은 미국 사무기기 제조 업체인 제록스의 팔로알토연구소가 1976년에 완성한 네트워크 기술입니다. 당시 전송 속도는 3Mbps였으며 DEC, 인텔 등과 공동으로 개선 및 표준화를 진행해서 1985년 IEEE 802.3으로 세계 표준 규격이 되었습니다. 초기 이더넷은 굵은 동축 케이블을 사용했으나, 현재는 8가닥의 **트위스트 페어 케이블**(LAN 케이블)을 사용합니다. 전송 속도도 100Mbps에서 1Gbps로 고속화되었고, 1Gbps 이상의 네트워크에서는 **광섬유 케이블**도 사용합니다.

IEEE 802.3은 프로토콜뿐만 아니라 케이블도 규정하고 있습니다. 즉, 물리 계층(1계층)과 데이터 링크 계층(2계층)을 아우르는 규격입니다. 케이블은 전송 속도에 따라 100BASE-T, 1000BASE-FX 등으로 규격이 나뉩니다. 숫자는 전송 속도(100Mbps, 1000Mbps)를 나타내며, 'T', 'FX' 등 문자는 트위스트 페어인지 광섬유인지 케이블의 종류를 나타냅니다.

IEEE 802.11은 무선 LAN 규격

IEEE 802.11은 무선 LAN 규격입니다. 이용하는 주파수 대역과 전송 속도에 따라 규격 번호 뒤에 a, b, g, ac라는 서픽스가 붙습니다. 예를 들어 IEEE 802.11ac는 5GHz 대역을 이용하여 1Gbps로 데이터 통신을 하는 규격입니다.

무선 LAN 규격은 a, ac 등 서픽스 부분으로 구분하는데, 최근에는 무선 LAN의 일종인 Wi-Fi라는 말을 사용하여 'Wi-Fi 5'나 'Wi-Fi 6' 등으로 부르기도 합니다.

용어 노트

- 트위스트 페어 케이블: 전선의 +와 −(신호선과 GND)를 각각 2가닥씩 나선형으로 꼬아 놓은 전선으로, 노이즈에 강하다.
- 광섬유 케이블: 전기 신호 대신 빛을 통신에 사용하는 케이블이다. 신호선은 전선이 아니라 유리 섬유 등을 사용한다.
- 서픽스: 모델 번호 뒤에 붙이는 코드 번호다.
- Wi-Fi: 무선 LAN의 일종으로, IEEE 802.11 시리즈의 보급 및 촉진을 위해 업계 단체가 책정해서 정착되었다.

▼ 그림 3-9 IEEE 802.3 시리즈의 규격

이더넷 규격	주요 이더넷 규격	전송 속도	주요 케이블
IEEE 802.3	10BASE5	10Mbps	동축 케이블(굵은 선)
IEEE 802.3a	10BASE2	10Mbps	동축 케이블(가는 선)
IEEE 802.3i	10BASE-T	10Mbps	트위스트 페어(CAT3 이상)
IEEE 802.3u	100BASE-TX	100Mbps	트위스트 페어(CAT5 이상)
IEEE 802.3ab	1000BASE-T (X)	1Gbps	트위스트 페어(CAT6 이상)
IEEE 802.3u	1000BASE-FX	1Gbps	광섬유
IEEE 802.3z	1000BASE-SX	1Gbps	광섬유
IEEE 802.3an	10GBASE-T	10Gbps	트위스트 페어(CAT6a 이상)
IEEE 802.3ae	10GBASE-X	10Gbps	광섬유

▼ 그림 3-10 IEEE 802.11 시리즈의 규격

무선 LAN 규격	주파수 대역	최대 통신 속도	특징
IEEE 802.11a	5GHz	54Mbps	• 전자레인지 등 가전제품이나 블루투스의 전파 간섭에 강하다. • 장애물에 약하다.
IEEE 802.11b	2.4GHz	11Mbps	• 전자레인지 등 가전제품이나 블루투스의 전파 간섭에 약하다. • 장애물에 강하다.
IEEE 802.11g	2.4GHz	54Mbps	• IEEE 802.11g는 IEEE 802.11b의 상위와 호환된다.
IEEE 802.11n (Wi-Fi 4)	2.4GHz	600Mbps	• 2.4GHz와 5GHz의 주파수대를 이용할 수 있다. • 안테나를 최대 4개까지 묶어 고속 통신을 실현한다.
	5GHz	600Mbps	
IEEE 802.11ac (Wi-Fi 5)	5GHz	6.9Gbps	• IEEE 802.11n보다 대역폭이 넓다. • 안테나를 최대 8개까지 묶어 고속 통신을 실현한다.
IEEE 802.11ax (Wi-Fi 6)	2.4/5GHz	9.6Gbps	• IEEE 802.11ac와 호환 가능하다. • 고도의 앱을 지원한다.

32 WAN
넓은 범위를 연결하는 네트워크

LAN과 짝을 이루는 용어로 WAN이 있습니다. Wide Area Network의 약어로, LAN보다 넓은 범위를 연결하는 네트워크를 가리킵니다. 하지만 LAN과 WAN은 물리적 범위의 차이만 나타내는 것은 아닙니다.

광범위한 네트워크를 가리키는 WAN

WAN은 일반적으로 건물의 내부와 외부 등 LAN보다 더 넓은 물리적 범위를 연결하는 네트워크를 의미합니다. 다만 용어로서는 불특정 다수의 호스트나 디바이스 등이 연결되는 네트워크(망) 의미로도 사용됩니다.

KT나 SKT 등 통신 사업자가 제공하는 전용선도 WAN이라고 할 수 있습니다. 전용선은 은행의 ATM 회선처럼 계약자가 회선을 독점하고, 특정 거점이나 데이터센터, 인터넷을 효율적으로 상호 접속해 주는 IX 연결 등에 이용됩니다.

LAN과 WAN의 차이점

LAN과 WAN은 이전에는 연결 범위의 차이를 나타내는 용어였지만, 이제는 그와 다른 의미로도 쓰이게 되었습니다. LAN에도 '광역 LAN'이라고 하는 서비스가 있습니다. 이것은 LAN의 이더넷(3장 29절 참조)을 이용하면서 중간에 게이트웨이나 다른 네트워크 프로토콜을 끼워 원거리 거점을 이어 주는 서비스로, 네트워크는 LAN입니다. '논리적인 로컬 영역'이라는 개념입니다.

또 기업의 LAN 내에서도 WAN이라는 용어가 사용됩니다. 예를 들어 라우터의 포트에는 'LAN', 'WAN'이라고 표시되어 있습니다. 이 경우 여러 세그먼트로 LAN을 구성할 때 장치를 집선하는 쪽이 LAN, 다른 라우터나 상위 라우터(집선 장치)에 연결하는 쪽이 WAN이 됩니다. 여기에서 WAN은 LAN(세그먼트)의 바깥이라는 의미입니다.

즉, LAN과 WAN의 차이는 '로컬'이 나타내는 범위에 따라 다르며, 그 네트워크의 안쪽이냐 바깥쪽이냐의 차이입니다.

용어 노트

- 네트워크(망): 가입자 전화를 연결하는 공중회선망(PSTN)이나 인터넷도 WAN의 일종이다.
- IX: Internet eXchange의 약어. 통신 사업자, ISP, 데이터센터 등 대량의 인터넷 통신을 취급하는 사업자가 상호 연결해서 경로 정보 등을 교환하는 연결점이다.
- 게이트웨이: 넓은 의미로는 네트워크의 연결 지점을 의미한다. 광역 LAN에서는 원거리 통신을 위해 LAN과 다른 프로토콜의 회선을 사용할 때가 있다. 이때 프로토콜 변환과 연결 인터페이스의 역할을 담당한다.
- 네트워크 프로토콜: 원거리 거점 사이를 동일한 LAN으로 연결할 때, 중간 회선은 다양한 프로토콜과 방식, 통신 사업자를 이용한다. 통신사에 따라서는 자체적으로 대규모 이더넷망을 구축해서 원거리도 이더넷으로 연결할 때도 있다.

❤ 그림 3-11 다양한 의미로 사용되는 WAN 용어

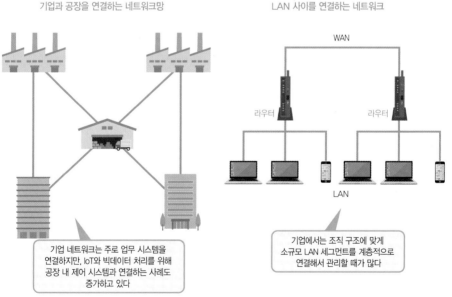

가입자 전화를 연결하는 공중회선망

전화국

전화국은 일대다,
다대다로 서로를
망처럼 연결한다

전화국

전화국

전화국

가입자

은행 본점, 지점의 네트워크망

본점

BANK

BANK
지점

BANK
지점

BANK
지점

BANK
지점

ATM의 경우 각 지점은 본점과
연결만 되어 있으면 되기 때문에
전용선으로 연결될 때가 많다

기업과 공장을 연결하는 네트워크망

기업 네트워크는 주로 업무 시스템을
연결하지만, IoT와 빅데이터 처리를 위해
공장 내 제어 시스템과 연결하는 사례도
증가하고 있다

LAN 사이를 연결하는 네트워크

WAN

라우터

라우터

LAN

기업에서는 조직 구조에 맞게
소규모 LAN 세그먼트를 계층적으로
연결해서 관리할 때가 많다

33 VLAN
세그먼트를 분할하거나 결합하는 기술

여러 스위치로 세그먼트를 구성할 때는 VLAN(Virtual LAN)이라는 기술을 사용합니다. VLAN은 집선된 각 장치에 논리적으로 구성된 세그먼트를 할당함으로써 네트워크 설계에 유연성을 부여할 수 있습니다.

네트워크 구성을 유연하게 설계할 수 있는 VLAN

LAN은 L2 스위치(스위칭 허브)로 묶은 세그먼트가 최소 단위입니다. 같은 스위치에 연결된 장치들이 하나의 세그먼트를 구성합니다. 일반적인 기업 LAN에서는 관리하기 쉽도록 층별, 부서별로 세그먼트를 분리합니다. 이때 스위치는 층이나 조직 구성에 따라 준비합니다.

스위치에 연결할 수 있는 장치 수(포트 수)가 정해져 있으므로 연결할 장치가 늘어나면 새로운 세그먼트를 추가해야 합니다. 이 경우 VLAN을 사용하면 서로 다른 스위치에 연결된 장치도 같은 세그먼트로 묶을 수 있습니다.

세그먼트를 분할하는 이유

VLAN은 VLAN-ID라는 식별자를 사용해서 스위치 안팎의 논리적(가상) 세그먼트를 구성할 수 있습니다.

동일한 세그먼트는 2계층(데이터 링크 계층)에서 브로드캐스트 패킷이 도달할 수 있는 범위로 정의할 수 있으며, ARP(2장 12절 참조)나 DHCP(2장 22절 참조) 같은 프로토콜은 목적지 IP 주소를 찾거나 IP 주소 발급을 요청할 때 네트워크 전체에 브로드캐스트 전송을 수행합니다. 브로드캐스트 전송에서는 세그먼트를 잘 관리하지 않으면 관련 없는 세그먼트까지 문의 패킷이 흩어져 버립니다.

3계층(네트워크 계층)에서 통신하는 라우터는 IP 주소와 서브넷(2장 26절 참조)으로 세그먼트를 관리합니다. 또 VLAN 기능을 가진 스위치는 L3 스위치뿐만 아니라 L2 스위치도 있습니다.

용어 노트

- VLAN: 레이아웃 변경으로 멀리 떨어진 위치에 스위치를 증설해야 할 때 등 별도의 스위치에 연결된 기기를 VLAN에서 하나의 세그먼트로 정리할 수 있다.
- VLAN-ID: 스위치 포트마다 할당하는 가상적인 번호(ID)다.
- 브로드캐스트 패킷: 네트워크의 모든 호스트에 동시에 전송되는 패킷이다.

▼ 그림 3-12 VLAN을 이용한 세그먼트 분할

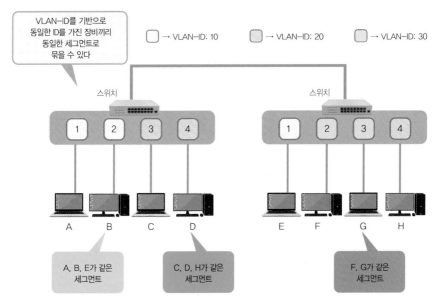

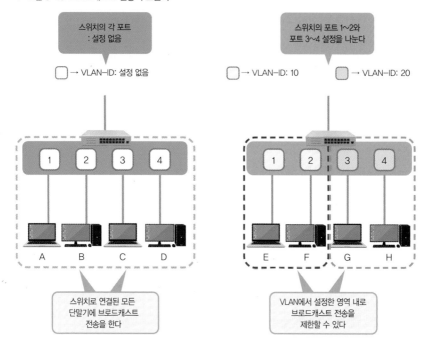

34 SDN
네트워크 관리 기능을 집약하는 기술

VLAN은 스위치의 물리적 제한을 논리적(가상적) 세그먼트로 구성하여 사용하기 쉽게 하는 방법입니다. 대규모 네트워크 등에서는 더욱 유연하게 네트워크를 구성할 수 있는 SDN(Software Defined Network) 기술을 사용하면 편리합니다.

유연한 네트워크 구성이 가능한 가상 네트워크

VLAN처럼 논리적(가상적) 구성으로 네트워크를 관리하는 기술을 가상 네트워크라고 합니다. 가상 네트워크에는 VLAN 외에도 VPN(Virtual Private Network: 7장 82절 참조)과 MPLS(Multi-Protocol Label Switching) 등이 있습니다.

이런 기술은 네트워크 설계와 구성을 태그와 레이블을 이용해서 가상화합니다. 배선이나 장치 배치 등에 제약을 받지 않고 네트워크를 구성할 수 있지만, 기본적으로 스위치나 라우터 등은 개별적으로 설정해야 합니다. 대규모 네트워크를 구축하거나 좀 더 유연하게 네트워크를 구성하고 싶을 때 태그나 라벨을 이용한 가상화로는 충분하지 않을 수 있습니다. 이런 필요에 대처할 수 있는 것이 SDN입니다.

SDN으로 관리 · 제어 기능을 집약

SDN에서는 전용 스위치로 각 장치를 하나의 LAN으로 모으고, 네트워크상의 장치를 연결하는 기능(하드웨어)과 세그먼트나 라우팅(2장 24절 참조)을 관리 및 제어하는 기능(소프트웨어)을 분리하여 설정 정보와 네트워크 제어를 관리 부분(컨트롤 플레인)에 집중합니다. 각 장치는 전용 스위치로 연결(데이터 플레인)되어 있으면, 상세한 구성이나 제어 등은 컨트롤 플레인에서 할 수 있습니다.

SDN의 관리나 제어는 REST API를 이용합니다. REST API는 웹 애플리케이션이나 웹 서비스 등에도 사용되는 기술로, 데이터 플레인 제어나 컨트롤 플레인 설정에는 웹 브라우저를 이용할 수도 있습니다. SDN의 관리나 제어에는 NETCONF나 OpenFlow라는 프로토콜이 표준화되어 있습니다.

용어 노트

- VPN: 인터넷 등 공개된 네트워크상에 설정한 가상의 전용선을 의미한다. 패킷에 ID 정보 부여와 암호화 처리를 실시함으로써 (다른 곳에서 액세스할 수 없는) 가상적인 네트워크 채널을 구축한다.
- MPLS: 패킷에 전용 태그 정보나 ID 정보를 추가하여 라우팅을 제어하는 기술이다.
- 가상화: 라벨이나 태그의 ID 등을 사용해서 스위치나 라우터에 대한 물리적 연결에 의존하지 않는 네트워크 및 세그먼트를 구성한다(5장 52절 참조).
- REST API: 웹 애플리케이션 등의 기능이나 서비스를 호출하는 규약이다. 웹 브라우저에서는 다양한 웹 사이트의 애플리케이션과 서비스를 REST API로 이용한다.

❤ 그림 3-14 SDN의 제어 및 관리 기능

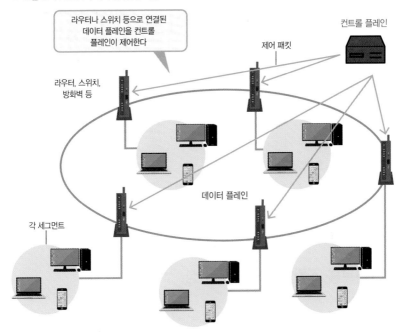

❤ 그림 3-15 SDN 제어와 관리에 사용되는 기술과 프로토콜

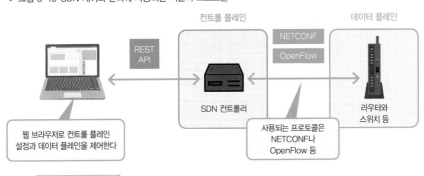

ONE POINT

SDN 활용 사례

SDN은 통신 사업자나 클라우드 서비스 프로바이더 등 대규모 네트워크를 구축 및 관리하는 영역에서 확산되고 있습니다. 통신 사업자는 거대한 연결회선망(네트워크)을 준비하여 물리적인 연결과 관계없이 컨트롤 플레인을 설정하여 임의의 LAN을 구성할 수 있도록 하고 있습니다. 또 가상 서버 구성 및 관리에 SDN을 사용하면 클라우드상의 가상 서버 구성도 유연하게 변경할 수 있습니다.

35 LAN끼리 연결한 네트워크

각 세그먼트를 모아 구성되는
기업의 LAN

LAN은 일반적으로 소규모 세그먼트가 모여 구성됩니다. 각 세그먼트는 스위치로 묶여서 한층 더 상위 세그먼트 역할을 합니다. 여기에서는 기업 LAN의 일반적인 구성을 설명합니다.

세그먼트를 스위치로 모아서 구성

일반적인 조직에서는 부 단위나 과 단위로 세그먼트를 구성합니다. 물리적(1계층, 2계층)으로는 스위치 등으로 하나의 세그먼트로 묶어 줍니다. 그리고 이 세그먼트를 또 다른 스위치로 묶어 과에서 부, 사업부 등 상위 세그먼트로 구성해 갑니다.

이때 통합할 세그먼트의 트래픽양이나 장치 수 등에 따라 라우터나 L3 스위치로 통합하기도 합니다. 라우터 등 3계층 장비를 사용하면 물리 계층이나 데이터 링크 계층을 숨긴 추상적인 ID로 유연하게 관리할 수 있습니다.

클라이언트만 설치하는 인트라넷

세그먼트에는 업무에 사용하는 컴퓨터(클라이언트) 이외에 업무 애플리케이션 서버나 데이터베이스 서버, 파일 서버, 인증 서버 등도 연결됩니다. 서버는 보통 여러 부서에서 함께 사용하므로 특정 부서 세그먼트에 배치하지 않고 서버만 세그먼트를 별도로 만듭니다. 또 애플리케이션, 데이터베이스, 인증 시스템 등 기능 및 취급 데이터별로 독립시킵니다. 단 해당 부서에서만 사용하는 시스템은 각 부서 세그먼트 내에 서버를 연결하기도 합니다.

업무 시스템을 클라우드(5장 55절 참조)로 옮겨서 컴퓨터나 프린터 등 클라이언트만 설치하는 사무실도 있습니다. LAN에는 인트라넷이라는 용어도 있습니다. 인트라넷은 인터넷과 쌍을 이루는 용어로, 인터넷에 직접 연결되지 않은 기업 내부 시스템을 위한 네트워크입니다.

용어 노트

- 트래픽양: 네트워크상의 통신 회선에서 일정 시간에 흐르는 데이터양을 의미한다. 데이터양이나 데이터 종류 등을 고려해서 스위치나 라우터를 선택한다. L2 스위치는 처리가 빠르고 라우터는 처리가 느리지만 IP 주소나 패킷의 종류로 제어할 수 있다.
- 추상적: IP 주소로 세그먼트의 범위나 접속 장치를 관리하면 스위치의 어느 포트에 연결되어 있는지, 장치의 MAC 주소는 무엇인지 등 하위 계층의 정보를 몰라도(추상적이어도) 네트워크 설정 및 관리가 가능해진다.

❤ 그림 3-16 일반적인 LAN 구성 예

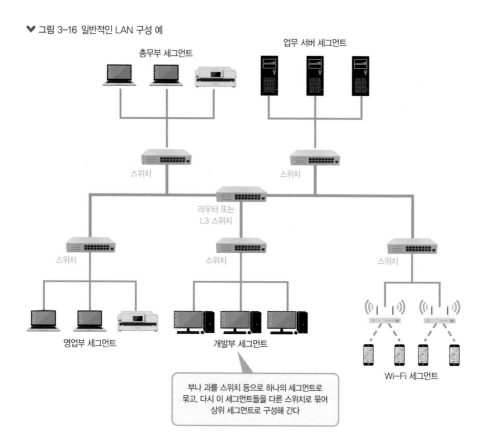

업무 서버 세그먼트

총무부 세그먼트

스위치

스위치

라우터 또는
L3 스위치

스위치

스위치

스위치

영업부 세그먼트

개발부 세그먼트

Wi-Fi 세그먼트

부나 과를 스위치 등으로 하나의 세그먼트로
묶고, 다시 이 세그먼트들을 다른 스위치로 묶어
상위 세그먼트로 구성해 간다

L3 스위치와 라우터의 구분

L3 스위치는 다양한 기능을 갖추고 있어 이미 라우터와 동등한 위치에 있습니다. 네트워크 구성에서도 L3 스위치를 사용할지 라우터를 사용할지 고민할 때가 있습니다. 이때 선택 기준이 될 수 있는 주요 특징을 살펴보겠습니다.

[L3 스위치]

- 처리 속도(스루풋)가 라우터보다 빠르다.
- 패킷 내용에 따른 제어가 불가능하다.
- 포트 수가 많다(16~48개).
- L2 스위치를 묶을 때 사용한다.

[라우터]

- 처리 속도(스루풋)는 L3 스위치보다 느리다.
- 패킷 내용을 분석해서 제어할 수 있다.
- 포트 수가 적다.
- 인터넷이나 WAN의 경계(에지)에 설치한다.

36 인터넷에 연결된 네트워크
인터넷을 라우터로 중계하는 네트워크

LAN 내에 있는 각 장치는 인터넷에 직접 연결하지 않습니다. 인터넷과 LAN 사이에 라우터나 방화벽 등을 두고 보안 기능이나 주소 변환 기능 등을 갖게 합니다.

에지 라우터로 인터넷과 LAN을 중계한다

인터넷에 연결하려면 ISP(2장 16절 참조)의 회선이나 IX(3장 32절 참조) 또는 회선 사업자의 연결 서비스를 이용합니다. 각 기업의 모든 장치에 43억 개뿐인 IPv4 주소(2장 10절 참조)를 할당하는 것은 현실적이지 않습니다. 또 인터넷에는 무수히 많은 공격 패킷이 돌아다니므로 이런 연결 방식은 보안상 권장하지 않습니다. 이에 따라 일반적인 LAN에서는 인터넷과 LAN 사이에 라우터를 설치해서 내부와 외부 패킷을 분리합니다.

이때 라우터는 내부와 외부 네트워크를 분리하는 방화벽(7장 79절 참조) 역할을 합니다. 방화벽은 전용 장비가 있지만 라우터에 방화벽 기능이 포함된 제품도 있습니다.

보안 기능과 주소 변환 기능이 필요하다

공격 패킷 및 불법적인 액세스를 차단하려면 방화벽 등 보안 기능을 이용해야 합니다. 방화벽은 IP 주소 정보를 기반으로 외부 위협이 되는 패킷을 차단합니다. 또 패킷의 프로토콜 종류나 출발지 포트 번호를 참조해서 특정 서비스나 연결을 차단할 수도 있습니다.

인터넷상에서 주고받는 패킷은 에지 라우터나 서버 등과 글로벌 IP 주소를 사용해서 교환됩니다. 외부에서 LAN 내부의 각 장치까지 패킷을 전달하려면 글로벌 IP 주소를 프라이빗 IP 주소로 변환하는 NAT나 NAPT 기능도 필요합니다 (2장 23절 참조). NAT 기능이나 NAPT 기능은 대부분 방화벽에 통합되어 있습니다.

> **용어 노트**
>
> - 공격 패킷: 정찰, 방해, 파괴, 도용 등 의도(악의)를 가진 자가 생성 및 전송한 패킷이다. 프로토콜상의 형식(데이터 구성 규칙)만으로는 악의성 여부를 판단할 수 없기 때문에 공격 패킷 식별은 쉽지 않다.
> - 에지 라우터: 인터넷과 LAN의 경계(에지)에 설치해서 LAN 내부와 외부 패킷의 교통 정리를 한다.

❤ 그림 3-17 ISP와 IX 등으로 구성되는 인터넷 이미지

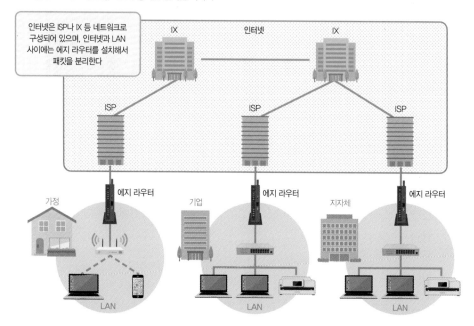

인터넷은 ISP나 IX 등 네트워크로 구성되어 있으며, 인터넷과 LAN 사이에는 에지 라우터를 설치해서 패킷을 분리한다

❤ 그림 3-18 에지 라우터에 필요한 기능

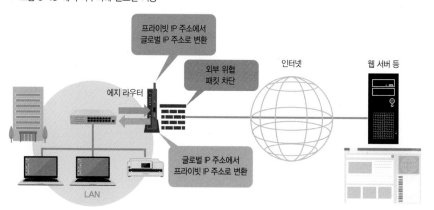

37 모바일 네트워크를 활용한 네트워크

모바일에서 인터넷에 연결하는 네트워크

컴퓨터보다 스마트폰으로 인터넷에 연결하는 비중이 더 커지고 있습니다. IoT 장치가 보급되면서 모바일 네트워크를 통해 인터넷에 연결하는 경우도 증가하는 추세입니다.

모바일 네트워크의 구조

인터넷에 연결하려면 3계층 이상의 프로토콜을 사용합니다. 프로토콜 스택 (2장 06절 참조)의 개념을 적용하면 2계층과 1계층의 프로토콜 등은 무엇이든 상관없다는 의미입니다.

스마트폰의 회선을 모바일 네트워크라고 합니다. 인터넷과 호환되지 않는 프로토콜로 통신하지만, 패킷 교환 방식(2장 15절 참조)은 공통입니다. 따라서 패킷의 페이로드를 프로토콜 스택으로 캡슐화하면 모바일 네트워크에 인터넷 패킷을 실을 수 있습니다.

구체적으로는 스마트폰 앱이 인터넷 패킷을 생성하고, 이를 모바일 네트워크 프로토콜의 페이로드로 변환하는 것입니다. 통신사의 모바일 네트워크에 설치된 인터넷 게이트웨이는 이런 패킷을 처리하여 인터넷으로 전송하는 역할을 합니다.

통신 모듈이나 텔레워크에서 네트워크 연결

게임기나 IoT 기기 등은 액세스 포인트를 이용하여 인터넷에 접속하지만, 4G 나 5G를 지원하는 통신 모듈을 이용해서 인터넷에 접속할 수 있는 제품도 있습니다.

통신 모듈은 화면이나 키패드만 없을 뿐 무선 부분과 SIM 카드는 스마트폰이나 휴대 전화 등과 동일합니다. 통신 모듈은 자동차에 탑재되는 텔레매틱스 단말기나 차량용 인포테인먼트 단말기 등에 내장되어 있습니다.

텔레워크에서 원격 접속 등은 인터넷을 이용하는 것도 있습니다. 이때 인터넷 VPN(7장 82절 참조)을 사용해서 보안성을 높이는 경우가 있습니다.

용어 노트

- 패킷 교환 방식: 모바일 네트워크에서는 음성 통화도 디지털화되며 데이터는 패킷으로 송수신된다.
- 캡슐화: 어떤 프로토콜의 데이터나 조작 순서 등을 하나로 정리해서 다른 프로토콜로 다룰 수 있게 하는 것이다.
- 인터넷 게이트웨이: 모바일 네트워크와 인터넷을 연결하는 게이트웨이를 의미한다. 통신 사업자는 자사의 모바일 네트워크를 인터넷에 연결하기 위해 반드시 보유하고 있다.
- 통신 모듈: 계약 정보가 입력된 SIM 카드와 기지국과 통신하는 송수신기를 갖춘 통신 단말기다. 장치에 내장하는 것을 전제로 하며, 디스플레이나 키패드는 갖지 않는다.

❤ 그림 3-19 모바일 네트워크를 이용한 네트워크 이미지

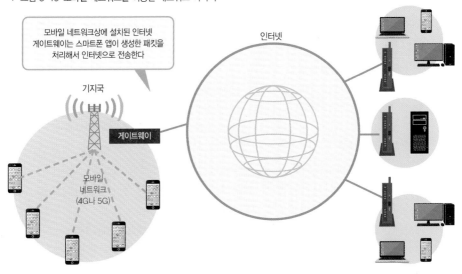

모바일 네트워크상에 설치된 인터넷
게이트웨이는 스마트폰 앱이 생성한 패킷을
처리해서 인터넷으로 전송한다

인터넷

기지국

게이트웨이

모바일
네트워크
(4G나 5G)

❤ 그림 3-20 VPN을 이용한 네트워크 이미지

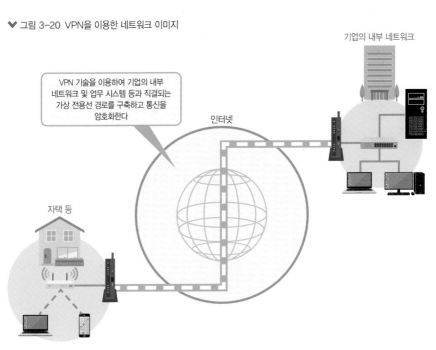

기업의 내부 네트워크

VPN 기술을 이용하여 기업의 내부
네트워크 및 업무 시스템 등과 직결되는
가상 전용선 경로를 구축하고 통신을
암호화한다

인터넷

자택 등

웹 1.0에서 웹 2.0으로 변혁

인터넷상의 콘텐츠를 열람하는 시스템인 World Wide Web(WWW)은 HTML로 작성된 웹 페이지를 웹 브라우저로 열람하는 장으로서 개발되었습니다. 기업이나 단체들이 앞다투어 웹 사이트를 개설했고, 이후 온라인 쇼핑몰이나 정보 사이트 등이 생겨나면서 비즈니스의 장으로도 발전했습니다. 이것이 웹 1.0이라고 부르는 상태입니다.

이후 블로그(weblog)가 등장하고 곧 소셜 네트워킹 서비스(SNS)로 이어졌습니다. 블로그의 등장으로 개인 웹 페이지가 기업이나 상업용 사이트와 동등하게 검색될 수 있게 되었습니다. 이런 변화가 바로 웹 2.0입니다.

웹 1.0에서 웹 2.0으로 변화를 '기업에서 개인으로 확장되는 웹의 해방'으로 보는 시각도 있지만, 비즈니스 주체가 여전히 기업이라는 점은 변함없습니다. 개인이 웹에서 수익을 얻는 기본 방식은 기업과 제휴 계약 등을 맺어 간접적으로 돈을 받는 것입니다.

일대일로 단말기를 연결하는 블록체인의 등장

여기에 블록체인이라는 기술이 등장하면서 상황이 바뀌었습니다. 블록체인은 P2P 구조를 응용하여 거래 데이터를 분산 관리하는 시스템입니다. 비트코인 등 암호화 자산은 블록체인 거래 데이터 자체에 자산 가치를 부여한 것입니다.

블록체인의 거래 데이터는 분산되어 관리되므로 웹상의 거래를 일괄적으로 관리하는 기업 사이트 등을 이용할 필요가 없어집니다. 이것으로 웹 3.0에서는 개인이 웹에서 거래 시장을 형성할 것으로 예상하고 있습니다.

개인 단말기가 서버를 통하지 않고 직접 연결하는 상태(P2P)는 웹 1.0 이전의 인터넷에서는 일반적인 것으로, 모든 노드는 일대일로 연결되었습니다. 이런 의미에서 웹 3.0은 웹 1.0 이전 시대로의 원점 회귀라고도 할 수 있습니다.

4^장

인터넷 구조를
알아보자

인터넷은 가정이나 기업의 LAN과 그 외부의 LAN 등을 연결하는 광범위한 네트워크입니다. 인터넷에 연결하려고 ISP나 IX 등 기업 간 상호 접속 서비스를 제공하고 있습니다. 이 장에서는 인터넷 동작 방식과 인터넷 연결에 사용되는 프로토콜 등에 관해 설명합니다.

38 인터넷 구조

네트워크끼리 연결하는 광범위한
네트워크

인터넷은 기업 내 LAN, ISP, 모바일 네트워크 등을 연결하는 광범위한 네트워크입니다. 라우터가 중요한 역할을 하고 있으며, 패킷을 지정된 대상에 전달해서 통신합니다.

인터넷 기원

인터넷 기원은 1967년에 시작된 ARPANET 계획에서 진행한 패킷통신망 연구라고 합니다. ARPANET은 1969년에 가동해서 미국의 대학 네 곳과 연구 기관을 연결했습니다. TCP/IP 프로토콜(2장 08절 참조) 개발도 이 연구 성과 중 하나입니다.

인터넷이라는 용어는 1980년대 후반부터 사용되었습니다. 네트워크끼리 서로 대등한 관계로 연결하고 있었기 때문에 네트워크 사이를 연결한다는 의미에서 internet으로 불렀습니다.

네트워크를 연결하는 인터넷 구조

라우터(2장 16절 참조)는 인터넷을 구성하는 요소 중에서도 중요한 역할을 하는 장치입니다. 라우터는 네트워크를 연결하고 패킷의 교통 정리를 수행합니다. 인터넷에서는 전 세계 LAN이나 ISP(2장 16절 참조), 모바일 네트워크를 연결하는 데 라우터를 이용합니다.

라우터의 기본 기능은 다음과 같이 요약할 수 있습니다. ① LAN 내부의 통신은 외부로 내보내지 않는다, ② 자신의 LAN 주소가 아닌 통신은 내부로 들여보내지 않는다, ③ 자신의 LAN 주소가 아닌 통신은 라우팅 테이블이나 기본 게이트웨이(2장 25절 참조)를 설정하여 전달된다. 이때 IP 주소를 자신이나 자신이 관리하는 LAN, 전송 대상의 식별자로 사용합니다.

인터넷에서는 모든 패킷이 라우터를 이용하여 버킷 릴레이처럼 운반됩니다. 각 라우터는 라우팅 테이블의 범위만큼 연결 정보를 가지고 있는데, 이 기본 기능 덕분에 패킷이 올바른 목적지로 전달됩니다.

> **용어 노트**
>
> • 인터넷: 용어로서 'internet'과 고유명사로서 '인터넷'을 구별하고자 영어로는 'The Internet'이라고 머리글자를 대문자로 쓴다.
> • 모바일 네트워크: 구체적으로 말하면 모바일 네트워크와 그 끝에 있는 컴퓨터나 스마트폰 등 각 장치를 연결한다.

▼ 그림 4-1 네트워크끼리 연결하는 인터넷

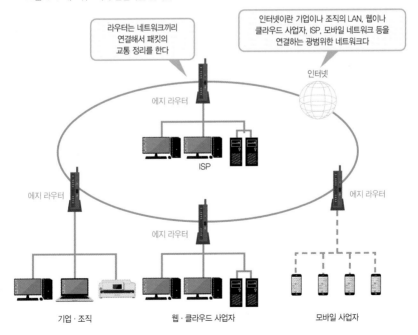

♥ 그림 4-2 인터넷에서 하는 통신

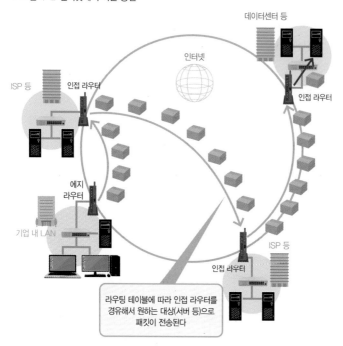

데이터센터 등

인터넷

ISP 등   인접 라우터

인접 라우터

에지
라우터

기업 내 LAN

ISP 등

인접 라우터

라우팅 테이블에 따라 인접 라우터를
경유해서 원하는 대상(서버 등)으로
패킷이 전송된다

39 인터넷에서 사용하는 프로토콜

인터넷에서 다양한 기능을
실현하는 규약

인터넷에서 사용되는 기본적인 프로토콜은 TCP/IP입니다. 그러나 이메일 송
수신이나 웹 사이트 열람 등은 TCP/IP만으로 구현되지 않습니다. TCP/IP를
기반으로 하는 다양한 프로토콜이 있습니다.

IP 주소를 보고 패킷을 전송하는 TCP/IP

TCP/IP 프로토콜(2장 08절 참조)은 IP 주소를 기반으로 패킷을 전송하는 기능
밖에 없습니다. 최소한의 오류 검사나 세션(2장 08절 참조)을 확립하는 기능은
있지만 목적지에 패킷이 도달했는지, 재전송할 필요가 있는지 등 확인하는 역
할은 애플리케이션이 담당합니다. 그러나 그것만으로는 이메일 교환, 웹 서버
액세스, 웹 동영상 시청 등 복잡한 기능을 실현하기 어렵습니다.

서비스 프로토콜로 상위 기능 실현

인터넷에는 라우팅(2장 24절 참조) 정보를 교환하고 패킷을 효율적으로 전달하
는 프로토콜 외에도 파일 전송, 암호화 통신, 도메인 이름과 IP 주소 검색, 이메
일 교환, 웹 사이트 접속 등 다양한 상위 프로토콜과 서비스 프로토콜이 있습니
다. 이런 프로토콜은 IP 프로토콜, TCP 프로토콜, UDP 프로토콜을 사용해서
상위 기능을 구현합니다. 더 큰 규모의 서비스나 앱은 전체 기능을 구현하려고
여러 개의 서비스 프로토콜을 사용하기도 합니다.

서비스 프로토콜은 다양한 웹 앱, 웹 서비스, 클라우드 서비스 등을 구현하는 데 필수적입니다. 대부분의 잘 알려진 포트(2장 13절 참조)는 서비스 프로토콜에 할당되어 있습니다. 서비스 프로토콜과 포트 번호는 인터넷 식별자를 관리하는 IANA에서 할당을 관리합니다. 애플리케이션이나 서비스별로 정해진 포트 번호는 RFC(2장 05절 참조)에도 명시되어 있습니다.

용어 노트

• 서비스 프로토콜: TCP, IP, UDP, ICMP 등 기본적인 프로토콜 이외의 프로토콜을 의미한다. 애플리케이션 프로토콜이라고도 한다.

▼ 그림 4-3 TCP/IP와 서비스 프로토콜을 사용해서 애플리케이션 기능 실현

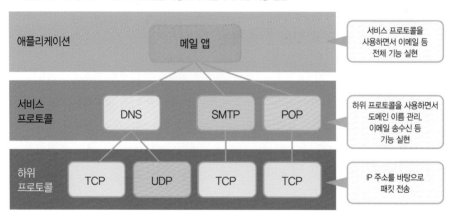

❤ 그림 4-4 주요 서비스 프로토콜

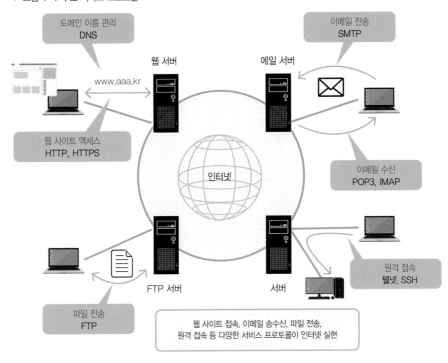

웹 사이트 접속, 이메일 송수신, 파일 전송,
원격 접속 등 다양한 서비스 프로토콜이 인터넷 실현

40 이메일을 주고받는 구조

SMTP와 POP를 사용한
이메일 송수신

인터넷상에서는 보통 SMTP나 POP 등 프로토콜을 사용하여 이메일을 교환합니다. SMTP는 이메일을 보낼 때 사용하는 프로토콜이고, POP는 이메일을 받을 때 사용하는 프로토콜입니다.

SMTP로 받는 사람의 메일 서버에 이메일 보내기

이메일을 보내려면 받는 사람의 이메일 주소를 지정하여 자사에서 관리하는 메일 서버로 전송합니다. 송신 메일 서버는 이메일 주소의 도메인 이름(@보다 오른쪽에 있는 문자열)을 확인해서 받는 사람의 수신 메일 서버로 전송합니다.

이메일 주소의 도메인 이름은 수신자의 수신 메일 서버의 이름이라고 할 수 있습니다. 이때 사용되는 프로토콜이 SMTP이므로 송신 메일 서버는 SMTP 서버라고도 합니다. SMTP 서버는 DNS(4장 44절 참조) 구조를 이용하여 이메일 주소의 도메인 이름에 대한 IP 주소 정보를 얻습니다.

POP로 메일 서버에서 이메일 받기

수신 메일 서버는 POP 프로토콜을 사용하므로 POP 서버라고도 합니다. POP 서버는 이메일을 올바른 수신자에게 전달하기 위해 등록 사용자 데이터베이스를 갖추고 있습니다. 일반적으로 이메일 주소의 '@' 기호 왼쪽의 문자열이 POP 서버에 등록된 사용자 ID입니다. POP 서버는 자신의 도메인으로 전송된 이메일을 받으면 각 사용자 ID에 해당하는 스풀 파일에 이메일 본문을 저장합니다. 이메일을 본인만 읽을 수 있도록 사용자는 자신의 이메일에 액세스할 때 ID와 비밀번호로 로그인 인증을 거쳐야 합니다.

POP에서는 메일 클라이언트가 POP 서버에 접속해서 정상 사용자로 인증되면 이메일을 내려받습니다. 이때 내려받은 이메일은 **스풀 파일**에서 삭제됩니다. 반면에 IMAP에서는 서버가 이메일을 관리하므로 스풀 파일에서 이메일이 삭제되지 않습니다.

용어 노트

- 도메인 이름: 웹 사이트나 이메일 주소 등에 사용되는 '인터넷상의 주소'를 나타내는 식별자다. 사람이 IP 주소를 다루기 쉽도록 서버 이름을 사용해서 관리할 수 있도록 한 것이다 (4장 44절 참조).
- 사용자 ID: 이메일을 보낸 사람과 받는 사람을 식별하는 ID다. 계정이라고도 한다.
- 스풀 파일: 나중에 처리하려고 일시적으로 서버에 저장되는 파일이다.
- IMAP: Internet Message Access Protocol의 약어. 이메일을 수신하는 프로토콜의 하나다. 메일 서버 메일함에서 이메일을 관리하고, 사용자는 서버에서 이메일을 내려받아 열람한다.

▼ 그림 4-5 이메일 송수신 구조

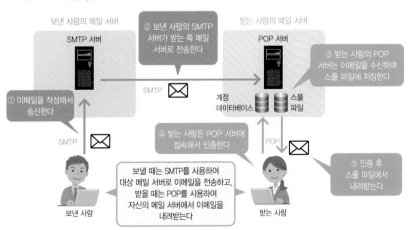

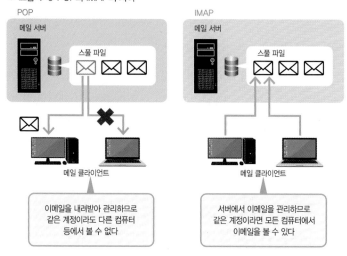

▼ 그림 4-6 POP와 IMAP의 차이

POP

메일 서버

스풀 파일

메일 클라이언트

이메일을 내려받아 관리하므로
같은 계정이라도 다른 컴퓨터
등에서 볼 수 없다

IMAP

메일 서버

스풀 파일

메일 클라이언트

서버에서 이메일을 관리하므로
같은 계정이라면 모든 컴퓨터에서
이메일을 볼 수 있다

ONE POINT

메일 프로토콜의 보안

메일 프로토콜에는 대부분 보안 기능이 구현되어 있지 않습니다. 전송 프로토콜은 수신자
의 이메일 주소가 정상이라면 누가 작성했든지 정규 메일로 처리합니다. 따라서 SMTP나
POP로는 스푸핑이나 스팸 메일을 막을 수 없고, SMTP로 전송하기 전에 발신자 인증이나
암호화 등 프로토콜을 확장하거나 추가합니다. 모두 부가적인 기능이므로 메일 서버나 메일
클라이언트 등에 추가해야 하며, 보안 메일 프로토콜이나 시스템의 보급이 완전해진 것은
아닙니다.

41 웹 페이지를 열람할 수 있는 구조

웹 서버와 웹 클라이언트의 통신

인터넷은 인프라 기술과 관련 프로토콜을 사용한 거대한 서비스 네트워크라고 할 수 있습니다. 웹 서버와 웹 클라이언트로 정보를 열람하거나 조작하는 구조가 일반적입니다.

웹을 구성하는 인프라 기술

웹은 정확히는 World Wide Web을 가리킵니다. 네트워크 모델은 클라이언트 서버형(3장 27절 참조)이며 TCP/IP, HTTPS, DNS 등을 인프라 기술로 이용합니다.

웹은 웹 서버, (웹 브라우저라고 하는) 웹 클라이언트, HTML/JavaScript/PHP/Java 등 언어, SQL 등 데이터베이스, XML(데이터 구조 및 속성 기술), REST API(애플리케이션 사이의 연계 규칙: 4장 50절 참조) 등으로 구성됩니다. 물론 이에 한정되는 것은 아니지만, 웹 서버와 웹 클라이언트는 필수입니다.

이런 인프라 기술은 기업 웹 페이지, 온라인 회의 서비스, 동영상 전송 서비스, AWS(5장 59절 참조) 등 온갖 기능과 서비스를 제공합니다.

웹의 기본 구조

초기 웹은 웹 서버와 웹 클라이언트로 구성된 학술 논문 등 **정보를 열람하는** 서비스였습니다. 논문에는 문자, 수식, 그림, 이미지 등이 포함되어 있었습니다. 미래의 확장성을 고려해서 동영상이나 음성 등도 통합할 수 있는 데이터 형식으로 HTML이 채택되었습니다.

웹은 HTML 형식의 문서를 웹 서버에 저장하고, 웹 브라우저인 웹 클라이언트가 인터넷을 통해 웹 서버에 액세스하여 논문 페이지를 화면에 표시하는 방식입니다. 현재 웹 서버로는 Apache, IIS, NGINX 등이 사용되며, 웹 브라우저로는 구글 크롬, 마이크로소프트 엣지, 사파리, 모질라 파이어폭스 등이 사용됩니다.

용어 노트

- HTTPS: 4장 43절 참조
- DNS: 4장 44절 참조
- 인프라 기술: 인터넷의 물리적 인프라는 통신 사업자의 회선이나 이더넷, 각종 네트워크 기기이지만, TCP/IP 같은 기본 프로토콜, DNS나 HTTPS 등 서비스 프로토콜도 인프라라고 할 수 있다.
- HTML: HyperText Markup Language의 약어. 웹 페이지를 작성하는 언어로, W3C가 규격화했다.
- 정보 열람 서비스: 원형은 전 세계 학술 논문 등을 열람할 수 있는 시스템으로 개발되었다.

❖ 그림 4-7 웹 브라우저와 웹 서버의 통신

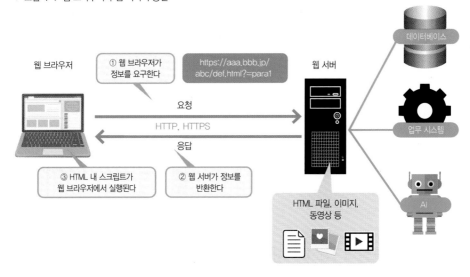

❖ 그림 4-8 주요 웹 브라우저와 웹 서버의 소프트웨어

웹 브라우저(클라이언트) 소프트웨어

● Google Chrome(제공: Google)
● Microsoft Edge(제공: Microsoft)
● Safari(제공: Apple)
● Mozilla Firefox(제공: Mozilla Corporation)

웹 서버 소프트웨어

● Apache(제공: Apache Software Foundation)
● IIS(Internet Information Services)(제공: Microsoft)
● NGINX(제공: NGINX)
● Google Web Server(제공: Google)

ONE POINT

HTTPS의 보안

웹은 은행 거래, 카드 결제 등에도 이용됩니다. 웹 사이트에서는 다양한 개인 정보를 다루기 때문에 보안 통신이 필요하며, 웹상의 프로토콜은 HTTPS를 이용한 암호화 통신을 권장합니다. HTTPS가 아닌 통신에는 경고 화면을 표시하거나 직접 연결하지 못하도록 하고 있으며, 많은 웹 사이트가 HTTPS로 전환되고 있습니다.

HTTP에서는 페이로드를 그대로 전송하지만, HTTPS에서는 이를 암호화해서 전송합니다. 예전에는 카드 정보 입력 등 제한된 상황에서만 HTTPS 통신을 이용했지만, 이제는 모든 통신을 HTTPS로 전환하려는 움직임이 확산되고 있습니다.

42 URL/URI
인터넷상의 장소를 특정하는 식별자

URL은 네트워크나 서버 등을 식별하는 역할을 하며, 웹에서 필수적인 요소입니다. 네트워크나 서버 지정에는 도메인 이름을 사용하고, 프로토콜로는 HTTP나 HTTPS를 사용합니다.

네트워크상의 장소나 이름을 특정하는 URL

URL(Uniform Resource Locator)은 한마디로 인터넷상의 서버나 데이터(리소스) 등을 특정하는 방법을 규정한 것입니다. URL과 유사한 용어로는 URI나 URN이 있습니다. URL은 그 리소스의 보관 위치를 나타내고, URI나 URN은 각각의 리소스 위치와 이름을 기술하는 방법입니다.

위치를 지정하는 데 사용되는 URL 구조

URL은 인터넷상의 위치를 특정합니다. 인터넷상의 위치란 어느 네트워크 어느 서버의 특정 파일인가 하는 정보입니다. 이외에도 이용하는 프로토콜이나 임의의 값을 가지는 변수 등도 지정할 수 있습니다. 네트워크나 서버를 지정하려면 일반적으로 도메인 이름(4장 44절 참조)을 사용합니다.

프로토콜에는 HTTP, HTTPS, FILE, DATA 등이 예약어로 등록되어 있습니다. URL 구성 요소와 의미는 다음과 같습니다.

- 스키마: 장소에 액세스하는 프로토콜을 지정합니다.

- 권한: '//'로 시작하고 장소를 다음 요소로 지정합니다.

  - 사용자 정보: 사용자 ID 및 계정 등

  - 호스트 정보: 서버의 도메인 이름

  - 포트 정보: 액세스할 포트 번호

- 경로: 서버의 파일 경로를 '/'로 구분하여 지정합니다.

- 쿼리: "?" 이후의 문자열을 변수 또는 명령으로 지정합니다. 액티브와 패시브 두 종류의 파라미터가 있습니다.

- 프래그먼트: 서버의 응답이나 부호로서 웹 브라우저가 처리하는 정보입니다. 앵커라고도 합니다.

용어 노트

- 리소스: 네트워크상의 서버나 내부 데이터, 애플리케이션, 기능 등 전반을 리소스라고 한다.
- URI: Uniform Resource Identifier의 약어. URI 이하의 규약은 RFC로 규정되어 있고, 표기에 사용하는 HTTPS 등 예약어는 IANA가 관리한다.
- URN: Uniform Resource Name의 약어다.
- 예약어: 개발자가 정의해서 사용할 수 없는 문자열이다. URI 스키마 이름에는 HTTPS, FILE 외에도 웹 브라우저나 웹 서버, OS별로 고유하게 정의된 것도 있다.

❤ 그림 4-9 URL 기본 구조

● 기본 구조 예

● WWW 예

▼ 그림 4-10 쿼리 종류

● 액티브 파라미터

쿼리

https://www.aaa.bbb.jp/abc/def.html?color=blue

쿼리에 지정된 데이터가
표시하는 웹 페이지
내용이 변한다

'='으로
각 항목 값을
설정한다

● 패시브 파라미터

쿼리

https://www.aaa.bbb.jp/abc/def.html?utm_source=aaa&***

쿼리에 지정된 데이터로 표시되는
웹 페이지 내용은 변하지 않고
참조 정보 등을 지정한다

&로 다수의
파라미터를
부여할 수 있다

● 구글 애널리틱스의 파라미터 예

파라미터	내용	쿼리 기술 방식
utm_source	참조 소스 매체	?utm_source=aaa
utm_medium	매체 종류	?utm_medium=aaa
utm_campaign	광고 캠페인 이름	?utm_campaign=aaa
utm_content	광고 콘텐츠	?utm_content=aaa
utm_term	광고 키워드	?utm_term=aaa

ONE POINT

HTTP와 HTTPS 이외의 스키마

URL을 지정할 때 스키마로 HTTP와 HTTPS만 사용됩니다. FILE을 지정하면 권한 부분의 기술은 웹 브라우저가 동작하는 로컬 호스트(컴퓨터)가 되고, 경로 지정은 해당 컴퓨터의 하드디스크에 있는 파일을 가리킵니다.

43

HTTP/HTTPS
웹에서 사용되는 프로토콜

웹에서는 HTTP 또는 HTTPS라는 프로토콜을 사용해서 정보를 교환합니다. HTTP 보안을 강화하고 패킷 페이로드를 암호화하여 상호 작용하는 프로토콜은 HTTPS입니다.

웹에서 통신에 사용되는 HTTP

웹은 클라이언트-서버 모델(3장 27절 참조)로 구현되어 있습니다. 그러므로 일반적인 프로세스는 먼저 웹 브라우저가 웹 서버에 '이 웹 페이지를 표시하고 싶다'는 요청을 보내는 것입니다. 요청 정보는 URL로 기술되며, 요청받은 서버는 해당하는 HTML 파일을 반환하면서 응답합니다. 이런 통신에 사용되는 프로토콜이 HTTP와 HTTPS입니다.

통신 낭비를 줄이는 웹 브라우저 기능

HTTP는 하위 프로토콜로 TCP를 사용하여 세션을 설정합니다. 하지만 웹 브라우저 및 웹 서버의 요청과 응답은 전후 통신에 관계없이 매번 독립적으로 처리됩니다. 이런 통신을 스테이트리스라고 합니다. 스테이트리스 통신에서는 각각의 통신이 독립적이고 의존성이 없으므로, 같은 웹 페이지를 여러 번 반복해서 요청해도 매번 같은 HTML 파일이 전송됩니다.

HTTP 통신이 스테이트리스인 이유는 웹 서버가 불특정 다수의 웹 브라우저 요청을 처리하는 동안 접속별로 상태를 유지하기 어렵기 때문입니다. 반면에 같은 HTML 파일을 여러 번 전송하는 것은 낭비이기도 합니다.

이 문제는 웹 브라우저로 해결할 수 있습니다. 일반적으로 웹 브라우저에는 캐시 기능이 있어 한번 접속한 웹 페이지 정보(HTML 파일)를 보관하고 있다 두 번째 접속부터는 웹 페이지가 업데이트되지 않으면 캐시에 저장된 파일을 사용하여 서버 접속을 회피합니다.

용어 노트

- HTTPS: HTTP에 SSL/TLS(7장 78절 참조)라는 암호화 프로토콜을 조합해서 보안 통신을 하는 프로토콜이다. 이전에는 HTTP와 HTTPS를 구분해서 사용했지만, 현재는 암호화된 HTTPS 통신을 원칙으로 사용한다.
- 캐시: 한번 접속한 웹 페이지의 데이터를 일시적으로 PC에 저장하는 기능이다.

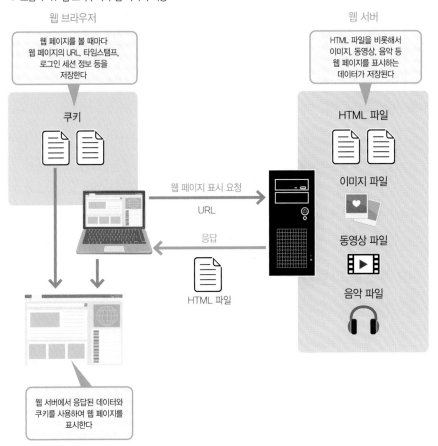

❤ 그림 4-11 웹 브라우저와 웹 서버의 기능

웹 브라우저

웹 페이지를 볼 때마다 웹 페이지의 URL, 타임스탬프, 로그인 세션 정보 등을 저장한다

쿠키

웹 서버

HTML 파일을 비롯해서 이미지, 동영상, 음악 등 웹 페이지를 표시하는 데이터가 저장된다

HTML 파일

이미지 파일

동영상 파일

음악 파일

웹 페이지 표시 요청

URL

응답

HTML 파일

웹 서버에서 응답된 데이터와 쿠키를 사용하여 웹 페이지를 표시한다

ONE POINT

스테이트풀 기능을 실현하는 쿠키

웹 브라우저는 그 밖에도 마지막으로 방문한 웹 페이지를 기억하거나 로그인 상태를 유지할 수 있게 되어 있습니다. 이런 기능을 스테이트풀이라고 합니다. 스테이트리스인 HTTP(S) 통신에서 스테이트풀 기능을 구현할 수 있는 것은 웹 브라우저가 쿠키(cookie)라는 작업 파일을 사용자 컴퓨터에 저장하기 때문입니다. 쿠키에는 과거 방문한 웹 페이지의 URL과 타임스탬프, 로그인할 때 생성되는 세션 정보, 과거에 입력한 주소 및 이메일 주소 등이 저장됩니다. 웹 사이트 방문자를 추적하고 분석하기 위해 웹 서버에서 쿠키 정보를 활용할 수도 있습니다.

44 DNS
도메인 이름과 IP 주소를 관리하는 구조

DNS(Domain Name System)는 도메인 이름과 IP 주소의 대응표를 관리하는 체계입니다. 이 대응표 데이터베이스를 관리하는 서버를 DNS 서버라고 하며, 여러 서버에 데이터베이스를 분산하여 서로 통신하면서 관리합니다.

IP 주소를 다루기 쉽게 한 도메인 이름

인터넷은 IP 프로토콜을 사용하므로 IP 주소(2장 09절 참조)가 유일한 목적지를 특정할 수 있는 식별자가 됩니다. 그러나 숫자 나열로만 보이는 IP 주소는 인간이 다루기 어렵습니다. 인간이 다루기 쉬운 이름으로 인터넷을 이용할 수 있도록 고안된 것이 도메인 이름이며, 도메인 이름과 IP 주소를 대응시켜 관리하는 것이 DNS입니다. 도메인 이름은 조직별 임의의 서버 이름에 조직 이름이나 지역, 속성(기업이나 학교, 국가 등) 등 정보를 계층적으로 추가한 것입니다. URL의 권한 부분(4장 42절 참조)에서도 사용되는 표기 방법입니다.

도메인 이름과 IP 주소 관리 방법

전 세계 도메인 이름과 IP 주소 대응표를 한곳에 집중해서 관리하는 것은 현실적이지 않습니다. DNS에서는 이 대응표 데이터베이스를 여러 DNS 서버에 분산시켜 관리합니다. 데이터베이스에서는 일반적으로 도메인 이름과 IP 주소가 영역이라는 단위로 관리되며, 서버 간에 서로 통신하여 데이터베이스 내용을 교환합니다. 이 영역 정보를 유지하는 서버를 권한 DNS 서버 또는 네임 서버라고 합니다.

DNS에서는 클라이언트에서 IP 주소 문의가 있을 때 LAN 내 DNS 서버가 도메인 이름을 알고 있다면 IP 주소를 **직접 알려 주고**, 모른다면 알고 있을 것 같은 DNS 서버에 문의합니다. 이 문의를 처리하는 프로그램을 리졸버라고 합니다. 리졸버는 DNS 서버에 포함될 수도 있지만, 컴퓨터나 기기 쪽에서 문의만 처리하는 스텁 리졸버도 있습니다.

용어 노트

- 영역: DNS 서버가 직접 관리하는 도메인 이름과 IP 주소 범위다.
- 권한 DNS 서버: 영역 내 호스트 정보를 직접 관리하는 서버. DNS 서버는 권한 있는 DNS 서버에서 정보를 받고, 권한 있는 DNS 서버가 스텁 리졸버에 응답한다.
- IP 주소 조회: DNS 서버가 도메인 이름으로 IP 주소를 조회하는 것을 이름 해석이라고 한다. DNS 서버는 한 번 이름을 해석한 IP 주소를 보관하는 기능이 있다.

❤ 그림 4-12 도메인 이름과 IP 주소를 분산해서 관리

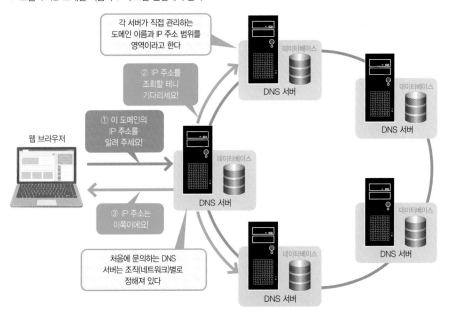

❤ 그림 4-13 이름 해석 프로세스

라우팅 서버

② 우선 라우팅 서버에
문의해 보자!

IP 주소를 알고 있을 것 같은
서버에 차례로 문의해서
연결을 설정한다

③ kr의 권한 있는
서버가 알고 있어.
그쪽에 물어봐!

kr의 권한
있는 서버

① 'www.example.kr'의
IP 주소는?

④ 'www.example'
이라고 알고 있어?

웹 브라우저

DNS 서버

⑤ example의 권한
서버가 알고 있어.
그쪽에 물어봐!

⑦ 'www.example.kr'의
IP 주소는 이거야!

⑥ 'www'라고
알고 있어?

example의
권한 있는 서버

example.kr 도메인

웹   이메일   파일
공유

⑧ 'www.example.kr'의
액세스 설정

45

ICMP
통신 상태를 확인하는 프로토콜

ICMP(Internet Control Message Protocol)는 목적지와 연결을 설정하기 전 정보 교환이나 패킷이 잘 도착했는지 확인하는 기능 등을 규정한 프로토콜입니다. 오류 메시지 통지, 통신 상태 확인 등에 사용됩니다.

경로상 장애 등을 통지하는 ICMP

ICMP는 TCP나 UDP(2장 23절 참조)와 더불어 인터넷에서 대표적인 프로토콜 중 하나입니다. 주요 역할은 처리 실패나 장애가 발생했을 때 오류 메시지를 통지하는 것입니다. 또 목적지에서 적절히 응답하는지 여부를 포함해서 데이터를 주고받을 때 필요한 전처리, 후처리, 관리 정보도 교환합니다.

ICMP는 구체적으로 라우터나 스위치에 문의하여 라우터 간 제어 정보 교환이나 목적지가 있는지, 호스트가 작동하는지 등을 확인하는 다양한 목적으로 사용됩니다. 그러므로 ICMP 패킷은 LAN뿐만 아니라 라우터를 넘어서 인터넷으로도 전송됩니다.

ICMP 패킷의 구조

ICMP 패킷은 TCP나 UDP와 마찬가지로 ICMP 패킷의 헤더와 페이로드(데이터)가 IP 패킷의 페이로드에 들어가는 형태로 구성됩니다.

ICMP 패킷의 헤더에는 타입, 코드, 체크섬을 지정하는 필드가 있습니다. ICMP 패킷의 페이로드는 유형과 코드에 따라 다양한데, 오류 메시지와 전송 데이터(데이터 도착 여부를 알 수 있음) 등이 저장됩니다. 헤더의 필드와 페이로드의 크기도 타입과 코드에 따라 가변 길이가 됩니다.

타입은 패킷의 종류(ICMP, TCP, UDP 등)를 나타냅니다. 코드 내용은 타입에 따라 달라지는데, 자주 사용되는 것은 타입 3(목적지 도달 불가)의 원인을 나타내는 코드입니다.

용어 노트

- 오류 메시지: 통신 중 어떤 장애가 발생했을 때 통신 경로에 있는 노드에서 출발지로 통지되는 메시지다. 예를 들어 목적지에 도달하지 않았다는 destination unreachable, 경로가 변경되었다는 redirect 등이 있다.
- 체크섬: 패킷 데이터에 글자 깨짐 등이 없는지 확인하고자 부여하는 부호다. 전송 데이터를 바탕으로 특수한 계산을 실시한 결과(체크섬)를 데이터와 함께 보낸다. 목적지에서는 받은 데이터로 동일한 계산을 실시하여 부가된 체크섬과 일치하면 오류가 없다고 간주한다.
- 가변 길이: 길이가 고정되어 있지 않은 것이다. 어디까지가 헤더고 어디부터가 페이로드인지는 패킷 타입 등에 따라 바뀐다.

▼ 표 4-1 ICMP의 주요 타입과 코드
● ICMP의 주요 타입

타입	의미	설명
0	echo reply	에코 응답: ping 등 호스트의 생사 확인
3	destination unreachable	목적지 도달 불가: 어느 라우터까지 도달했는지, 포트가 열려 있는지
5	redirect	기본 게이트웨이 이외의 경로 지정
8	echo request	에코 요청: ping 등 호스트의 생사 확인
11	time exceeded	지정한 개수 이상의 라우터를 경유한 패킷을 폐기(무한 루프나 핑퐁 패킷 억제)

◐ 계속

● ICMP 타입 3의 주요 코드

코드	의미	설명
0	network unreachable	목적지 라우터가 다운되었다.
1	host unreachable	목적지 서버가 다운되었다.
3	port unreachable	포트가 닫혀 있다.
4	fragmentation needed and DF set	단편화가 허용되지 않는다.
6	destination network unknown	목적지가 라우팅 테이블(2장 25절 참조)에 설정되어 있지 않다.
13	communication administratively prohibited by filtering	차단되어 있다.

▼ 그림 4-14 ICMP 패킷 구성

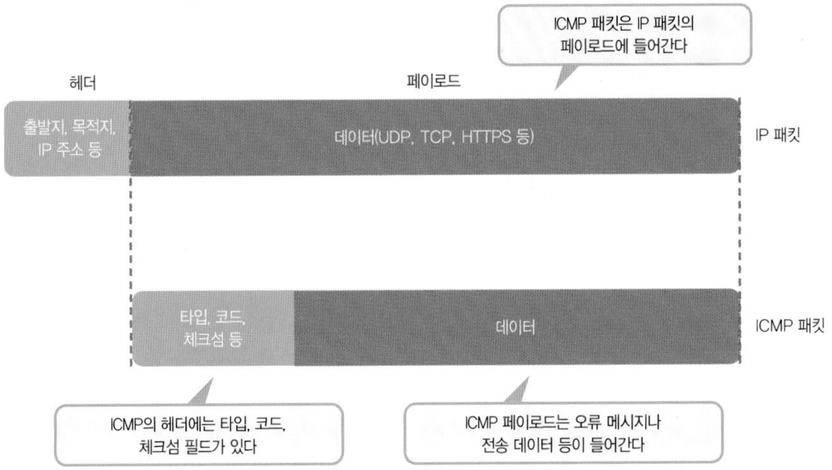

ICMP 패킷은 IP 패킷의 페이로드에 들어간다

헤더　　　　　　　　　페이로드

출발지, 목적지, IP 주소 등　　데이터(UDP, TCP, HTTPS 등)　　IP 패킷

타입, 코드, 체크섬 등　　데이터　　ICMP 패킷

ICMP의 헤더에는 타입, 코드, 체크섬 필드가 있다

ICMP 페이로드는 오류 메시지나 전송 데이터 등이 들어간다

46 텔넷
서버에 원격 로그인하는 프로토콜

텔넷은 단말기에서 서버에 원격으로 로그인하는 프로토콜입니다. 원격 로그인은 서버 관리 및 네트워크 관리에 필수적인 기능입니다.

원격으로 서버를 관리하는 텔넷

텔넷(telnet)이란 단말기가 되는 컴퓨터에서 서버로 원격 로그인을 할 때 사용하는 프로토콜입니다. 텔넷 프로토콜에서는 단말기와 서버가 텍스트 데이터(문자 정보)를 주고받습니다. 마우스를 사용할 수는 없지만, OS 관리나 네트워크 설정 등은 키보드와 디스플레이로 할 수 있습니다. 3계층 이상의 네트워크 장치(라우터, L3 스위치, 방화벽 등)를 설정할 때도 텔넷을 사용할 수 있습니다.

텔넷도 클라이언트 서버(3장 27절 참조) 방식을 채용합니다. 서버에서는 텔넷 서버 프로그램이 실행되고 있어야 하며, 단말기에서는 텔넷 클라이언트 애플리케이션이 필요합니다. 리눅스나 macOS 등에서는 텔넷 서버가 **백그라운드 프로세스**(telnetd라는 이름이 많음)로 항상 실행되고 있습니다. 클라이언트 애플리케이션은 터미널 소프트웨어 등으로 부르며, '텔넷'이라는 이름이 붙어 있는 것이 대표적입니다.

텔넷 연결 문제점

텔넷을 사용할 때는 연결할 서버 이름(호스트 이름) 또는 IP 주소를 지정합니다. 포트(TCP23)가 열려 있으면 연결을 수락하고 **로그인 프롬프트**를 화면에 표시합니다. 이 화면에서 사용자 ID와 암호를 입력해서 서버에 로그인합니다.

하지만 텔넷에는 패킷을 암호화하는 기능이 없기 때문에 로그인 후 작업하는 명령 정보는 평문(7장 75절 참조)으로 네트워크로 흘러갑니다. 이런 보안 문제로 현재는 텔넷을 사용하지 않고, 그 대신 암호화 통신이 가능한 SSH(4장 47절 참조)를 사용합니다.

> **용어 노트**
>
> - 원격 로그인: 원격지에 있는 컴퓨터나 서버 등에 네트워크를 경유해서 로그인하는 것이다.
> - 3계층 이상의 네트워크 장치: 3계층 이상의 네트워크 장치는 서버 기능을 갖추고 있어 텔넷으로 설정할 수 있다. 내부에서 리눅스가 가동되는 제품도 있다.
> - 백그라운드 프로세스: 사용자에게는 보이지 않으면서 컴퓨터나 서버 내부에서 실행되는 프로그램이다.
> - 로그인 프롬프트: 로그인에 필요한 인증 정보(사용자 ID, 패스워드)를 입력받는 화면 표시를 의미한다.

▼ 그림 4-15 텔넷을 사용한 원격 로그인

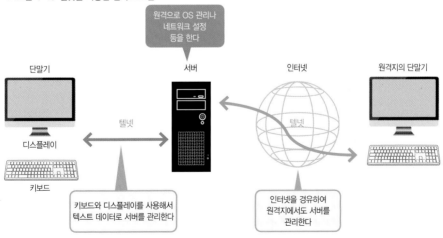

▼ 그림 4-16 텔넷 문제점

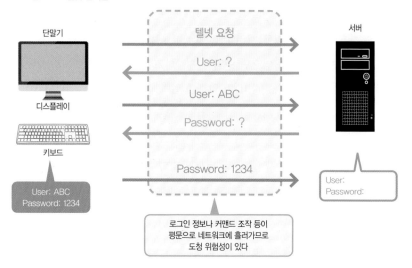

단말기

디스플레이

키보드

User: ABC
Password: 1234

텔넷 요청

User: ?

User: ABC

Password: ?

Password: 1234

서버

User:
Password:

로그인 정보나 커맨드 조작 등이
평문으로 네트워크에 흘러가므로
도청 위험성이 있다

47

SSH
암호화해서 원격 접속하는 프로토콜

SSH(Secure SHell)는 보안에 문제가 있는 텔넷을 대신해서 원격 로그인에 사용되는 프로토콜입니다. 공개키 암호화 방식으로 공개키와 개인키를 사용하여 통신을 암호화해서 원격 접속을 보호합니다.

공개키 암호화 방식의 원리

HTTPS(4장 43절 참조)나 SSH에서는 암호화 통신을 위해 공개키 암호화 방식(7장 76절 참조)을 사용했습니다. 일반적인 암호 방식(공통키 암호 방식)은 양쪽이 같은 키(공통키)를 공유하지만, 공개키 암호화 방식에서는 공개키와 개인키라는 키 2개를 사용합니다.

공개키 암호화 방식에서 두 키는 반드시 올바른 쌍으로 이용합니다. 공개키는 네트워크상에 공개하는 키로, 공개키와 암호문이 있어도 쌍이 되는 개인키가 없으면 복호화할 수 없습니다. 이 방법을 사용하면 출발지에서 공개키로 암호화된 데이터는 개인키를 가진 목적지에서만 복호화할 수 있게 되므로 암호화 통신이 가능합니다. 공개키 암호화 기술은 전자 서명에도 응용됩니다.

SSH 암호화 원리

SSH는 암호화 키를 생성하고 공유하는 방식에 따라 SSH1과 SSH2 두 가지 유형으로 나뉩니다. SSH1에서는 클라이언트가 서버에서 받은 공개키로 암호화한 공통키(쌍을 이루는 개인키와 다른 것)를 생성하고, 그 암호화 데이터를 서버로 보냅니다. 그리고 서버는 클라이언트에서 받은 데이터를 자신의 개인키로 복호화하여 공통키를 생성하고 이후의 통신을 공통키로 암호화합니다.

SSH2에서는 디피-헬만(Diffie-Hellman) 키 교환 방식을 사용합니다. 이 방식은 양측이 개인키와 공개키를 생성하고, 공개키를 교환한 후 개인키와 공개키로 특수한 계산을 수행해서 얻은 동일한 계산 결과를 통신용 공통키로 사용합니다. HTTPS의 암호화 통신도 이 방식으로 키를 생성합니다.

용어 노트

- 복호화: 암호화된 데이터를 원래 데이터(평문)로 되돌리는 조작이다.
- 전자 서명: 암호화 기술을 응용하여 데이터를 받는 사람의 정당성이나 실재성 및 데이터가 위·변조되지 않았음을 증명하는 기술이다.

▼ 그림 4-17 SSH를 사용한 원격 접속 이미지

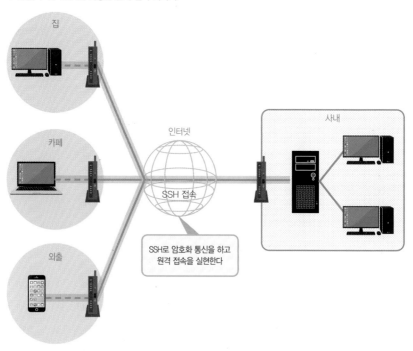

▼ 그림 4-18 디피–헬만 키 교환 방식을 이용한 암호화 통신 이미지

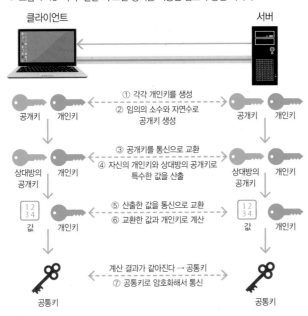

48 FTP
파일을 송수신하는 프로토콜

FTP(File Transfer Protocol)는 호스트 사이에서 또는 클라이언트와 서버 사이에서 파일을 주고받는 프로토콜입니다. 네트워크상의 저장소 등에 액세스할 때 이용합니다.

파일 전송 기능 및 보안 문제

FTP는 파일을 송수신하는 데 사용하는 프로토콜로, 웹(4장 41절 참조)이나 파일 서버 등이 생기기 전부터 사용되어 왔습니다. 클라이언트가 FTP 서버에 로그인하면 서버에 있는 파일을 내려받거나 클라이언트의 파일을 업로드할 수 있습니다.

FTP 서버에 접속하려면 FTP 서버에 계정을 만들어 두고 그 계정으로 로그인해야 합니다. FTP 서버는 무료 소프트웨어나 오픈 소스 소프트웨어(OSS) 배포 사이트에서도 이용되고 있으며, 계정이 없어도 로그인할 수 있는 AnonymousFTP 서비스도 있습니다.

참고로 FTP도 텔넷과 마찬가지로 로그인할 때 암호화되지 않습니다. 따라서 현재는 SCP나 SFTP처럼 암호화 통신이 가능한 프로토콜과 이를 지원하는 서버 또는 클라이언트 프로그램으로 대체되고 있습니다.

액티브와 패시브 두 가지 전송 모드

FTP는 세션을 관리하는 컨트롤 포트(TCP21)와 파일을 전송하는 데이터 포트(TCP20) 2개를 사용합니다. 데이터 포트는 원래 서버끼리 파일을 전송하는 포트고, 클라이언트와 파일 전송은 임의의 포트를 사용합니다. TCP20을 데이터 포트로 사용하는 모드를 액티브 모드라고 하며, 임의(대개는 3만 이상의 숫자)의 포트를 네고시에이션하는 모드를 패시브 모드라고 합니다. 컨트롤 포트와 데이터 포트로 나눈 것은 파일 전송 중에도 중단 등 관리할 수 있도록 하기 위해서입니다.

용어 노트

- FTP 서버: FTP를 사용해서 파일을 송수신할 때의 서버 또는 소프트웨어다.
- SCP: Secure Copy Protocol의 약어. FTP 보안 문제를 개선하고 암호화 통신을 이용한 파일 전송으로 처리와 통신 안전성을 높인 프로토콜이다.
- SFTP: SSH File Transfer Protocol의 약어. SCP와 마찬가지로 FTP의 안전성을 높이고자 SSH(4장 47절 참조)를 사용한 암호화 통신으로 파일을 전송하는 프로토콜이다.
- 네고시에이션: 서버와 통신할 때 적절히 통신할 수 있도록 접속하는 포트 번호 등 조건이나 절차를 결정하는 일을 의미한다.

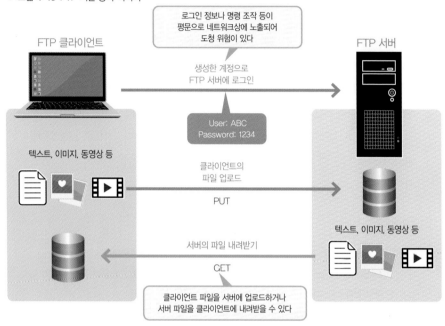

❤ 그림 4-19 FTP 기본 동작 이미지

로그인 정보나 명령 조작 등이
평문으로 네트워크상에 노출되어
도청 위험이 있다

FTP 클라이언트

FTP 서버

생성한 계정으로
FTP 서버에 로그인

User: ABC
Password: 1234

텍스트, 이미지, 동영상 등

클라이언트의
파일 업로드

PUT

텍스트, 이미지, 동영상 등

서버의 파일 내려받기

GET

클라이언트 파일을 서버에 업로드하거나
서버 파일을 클라이언트에 내려받을 수 있다

❤ 그림 4-20 액티브 모드와 패시브 모드의 차이

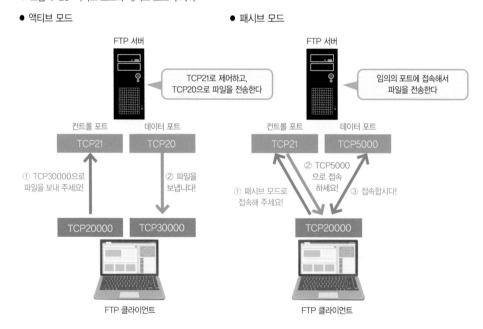

● 액티브 모드

● 패시브 모드

FTP 서버

TCP21로 제어하고,
TCP20으로 파일을 전송한다

FTP 서버

임의의 포트에 접속해서
파일을 전송한다

컨트롤 포트   데이터 포트

TCP21   TCP20

컨트롤 포트   데이터 포트

TCP21   TCP5000

① TCP30000으로
파일을 보내 주세요!

② 파일을
보냅니다!

② TCP5000
으로 접속
하세요!

① 패시브 모드로
접속해 주세요!

③ 접속합시다!

TCP20000   TCP30000

TCP20000

FTP 클라이언트

FTP 클라이언트

49 NTP
시간을 동기화하는 프로토콜

NTP(Network Time Protocol)는 호스트 간에 시간을 동기화하는 프로토콜입니다. 컴퓨터나 서버 등 내부 시각을 정기적으로 동기화하는 프로토콜로, 전 세계 호스트가 같은 시간을 바탕으로 통신할 수 있습니다.

컴퓨터 내 시간을 동기화하는 NTP

컴퓨터나 서버는 내부에 시계를 가지고 있어 그 시간으로 파일의 타임스탬프를 기록하거나 로그 파일의 시간 정보로 사용합니다. 그러나 시계에는 오차가 있고 모든 컴퓨터가 올바르게 설정되어 있는 것은 아닙니다. 은행 거래나 증권 거래 서버, 글로벌 전자상거래 사이트, 공장의 제어 기기 등 인터넷상에서 하는 모든 서비스의 시간(내부 시계)을 동기화하는 프로토콜이 바로 NTP로, 매우 중요한 프로토콜입니다.

NTP 서버는 클라이언트가 문의하면 현재 시간을 응답합니다. 클라이언트는 해당 시간 데이터로 내부 시계를 설정하는데, NTP 서버가 응답하는 시간은 GPS의 시간 정보나 각 국가에서 관리하는 표준 시계(원자시계, 분자시계 등) 정보를 이용합니다.

계층 구조로 배치되는 NTP

현재 인터넷에서 시간 동기화는 매우 중요하며 NTP 서버 문의량은 방대합니다. 따라서 NTP 서버는 국가나 대학 등이 관리하는 표준 시간에 가까운 서버 아래 계층적으로 배치됩니다. 계층 구조 상위에 있는 서버를 Stratum 1이라고 합니다. Stratum 1 아래에 Stratum 2나 Stratum 3 NTP 서버가 분기되어 연결되어 있습니다. 계층이 깊어지면 시간 오차가 누적되어 가지만, Stratum 2 이하는 그 오차를 예측해서 보정합니다. 일본에서는 NICT(정보통신연구기구)가 표준 시간을 결정하는 원자시계를 관리합니다.

> **용어 노트**
>
> • 타임스탬프: OS가 파일 등에 부여하는 생성, 수정, 액세스 등을 수행한 시간 정보를 의미한다.
> • GPS: Global Positioning System의 약어. 위성 4개 이상에서 전파를 수신하여 단말기의 위치(위도나 경도)를 특정하는 기술이다.

▼ 그림 4-21 NPT 서버 설정 화면(윈도 11)

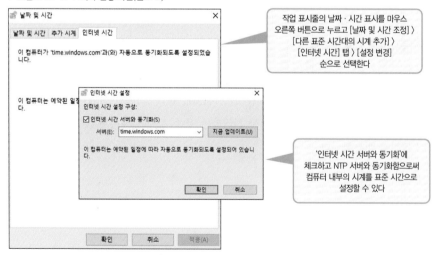

작업 표시줄의 날짜 · 시간 표시를 마우스 오른쪽 버튼으로 누르고 [날짜 및 시간 조정] 〉 [다른 표준 시간대의 시계 추가] 〉 [인터넷 시간] 탭 〉 [설정 변경] 순으로 선택한다

'인터넷 시간 서버와 동기화'에 체크하고 NTP 서버와 동기화함으로써 컴퓨터 내부의 시계를 표준 시간으로 설정할 수 있다

❤ 그림 4-22 NTP 서버의 구성 이미지

표준 시간의 시계

GPS 표준 시간

Stratum 1

Stratum 1이 표준 시간을 배포

Stratum 2

Stratum 2

오차를 예측한 보정 수행

Stratum 3

Stratum 3

Stratum 3

Stratum 3

컴퓨터와 서버는 가장 가까운 서버에서 표준 시간을 받는다

50

Ajax, REST API
그 밖의 웹 기술과 프로토콜

웹 기술이나 프로토콜에는 지금까지 소개한 것 이외에도 다양한 종류가 있습니다. 여기에서는 응답이 완료되기 전에 다른 처리를 하는 Ajax, 애플리케이션 사이에서 기능을 호출하는 REST API를 설명합니다.

통신 대기 시간에 다른 처리를 하는 Ajax

웹 서버는 웹 브라우저의 요청에 대해 HTML 형식의 웹 페이지 데이터를 응답으로 반환하고, 웹 브라우저는 데이터가 준비될 때까지 다른 처리를 하지 않습니다. 이런 통신을 동기 통신이라고 합니다. 모든 응답이 완료되기 전에 다른 처리를 하거나 추가 요청을 할 수 있다면(비동기 통신) 대기 시간을 효율적으로 사용할 수 있을 것입니다. 이를 실현하려면 응답으로 주고받는 데이터양을 줄여야 합니다.

XML 형식으로 필요한 데이터만 주고받으며 비동기 통신을 할 수 있게 한 것이 바로 Ajax(Asynchronous JavaScript + XML)입니다. 웹에서 지도를 스크롤하거나, SNS에서 타임라인을 표시하거나, 게임처럼 반응하는 웹 페이지는 모두 Ajax로 구현된 것입니다.

기능 호출에 사용되는 REST API

REST API란 애플리케이션 간 처리나 호출 방법 등을 정한 규약입니다. REST API는 보통 HTTP(S)를 사용하며 HTML이나 JSON, PHP 등으로 처리 내용이나 처리 데이터를 주고받습니다.

예를 들어 REST API는 웹 브라우저가 웹 서버와 연결되어 있는 데이터베이스나 업무 시스템, 백엔드 시스템 등 기능을 호출할 때 사용됩니다. 또 웹 브라우저 이외의 애플리케이션이 직접 업무 시스템에 요청하거나 문의할 수도 있습니다. 클라우드 서비스는 대부분 REST API를 이용하여 서로 연계하면서 하나의 서비스를 구축합니다. 예를 들어 SNS 사이에 연계하거나 경로 안내 애플리케이션에서 호텔이나 주차장을 예약할 수도 있습니다.

용어 노트

- XML: eXtensible Markup Language의 약어. 범용적인 마크업 언어로, XML에서는 정보 의미나 구조 등을 포함하는 태그를 독자적으로 지정할 수 있다.
- REST API: REST는 REpresentational State Transfer의 약어고, API는 Application Programming Interface의 약어다.
- 백엔드 시스템: 업무 시스템이나 전자상거래 사이트 등 고도화된 앱이나 서비스를 제공하기 위해 서버 내부에서 동작하는 기능이나 시스템을 의미한다. REST API를 준수하는 시스템을 설계하고 구현하면 HTTP(S)를 사용하여 웹 브라우저에서 앱이나 서비스를 조작할 수 있다.

❤ 그림 4-23 동기 통신과 비동기 통신의 차이

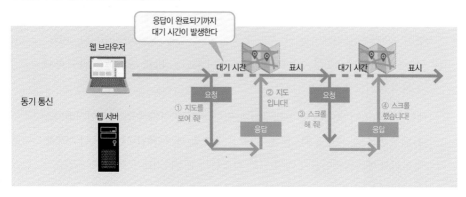

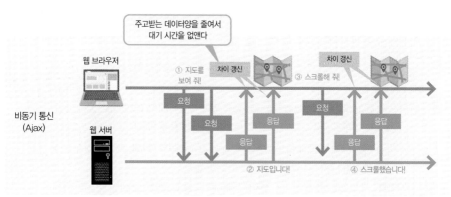

❤ 그림 4-24 REST API를 이용한 처리와 기능 호출

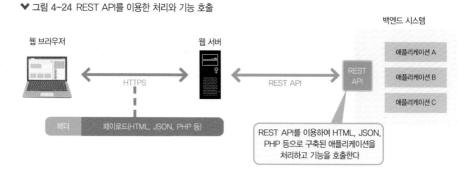

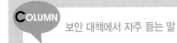

인터넷을 이용할 때 보안 대책은 필수입니다. 여기에서는 보안 대책을 세울 때 자주 듣는 내용을 검증해 보겠습니다.

안티바이러스 소프트웨어는 도움이 되지 않는다

안티바이러스 소프트웨어로 모든 공격을 막을 수는 없지만, 소프트웨어가 없으면 그만큼 피해를 입을 위험이 높아집니다. 다만 웹 페이지나 이메일 광고에 있는 바이러스 검사 버튼 또는 '감염되어 있습니다' 등의 표시는 그 자체가 멀웨어일 가능성이 높으니 주의합시다.

IP 주소로 개인을 특정할 수 있다

인터넷에서 알 수 있는 것은 라우터나 서버 등 글로벌 IP 주소뿐이지만(2장 09절 참조) IP 주소로도 국가나 주소 등을 파악할 수 있는 방법이 있습니다. IP 주소는 지역이나 국가별로 배포되는 범위가 거의 정해져 있고, IP 주소의 등록 정보나 액세스 포인트 정보 등으로 IP 주소와 위치 정보를 연결한 데이터베이스도 있습니다. 이런 정보를 이용하여 범위를 좁힐 수는 있지만 확실한 것은 아닙니다. 국가에 따라서는 IP 주소를 다른 나라로 이전하거나 판매할 수도 있고, 등록된 정보 등이 항상 정확한 것은 아니기 때문입니다.

패스워드의 문자 종류를 다양하게 설정하고 정기적으로 변경한다

패스워드는 대문자나 소문자, 숫자, 기호 등 여러 문자 종류를 섞어서 만들 것을 권장합니다. 또 패스워드를 정기적으로 변경할 필요가 있다고도 합니다. 이런 대처 방법이 잘못된 것은 아니지만, 패스워드 변경 및 관리가 귀찮은 것에 비해서 안전성 향상은 그다지 기대할 수 없습니다. 비밀번호 해독은 프로그램으로 자동화되어 있으므로, 문자 종류가 많은 것보다 패스워드가 긴 편이 해독 시간을 더 늘릴 수 있습니다. 정기적으로 패스워드를 변경하면 오히려 관리가 번거로워져 단순한 패스워드를 사용하도록 유발하는 폐해가 많아 현재는 권장하지 않습니다.

memo

5장

클라우드 구조를 알아보자

클라우드는 인터넷으로 연결된 서버 등 데이터나 앱 등을 이용하는 구조입니다. 서버에는 가상화 기술이 적용되어 유연하게 서비스를 제공할 수 있게 되어 있습니다. 이 장에서는 클라우드에서 이용되는 기술이나 클라우드의 이용 형태, 클라우드를 활용한 서비스 등을 설명합니다.

51 클라우드 구조
클라우드 구성 요소

클라우드란 인터넷으로 연결된 기기가 제공하는 데이터나 앱, 서비스 등 인프라를 나타냅니다. 명확한 정의가 어려운 용어이지만, 클라우드로 다양한 기능과 서비스를 이용할 수 있습니다.

클라우드라는 용어의 유래

클라우드(cloud)라는 용어는 '구름'이라는 뜻의 영어에서 유래했습니다. 이는 2000년 전후 비즈니스나 학술 연구 영역에서 인터넷을 설명할 때 구름 그림을 사용했기 때문이라는 설이 있습니다. 회선이나 통신망, 웹 서비스 기반, 빅데이터 저장 장소로 인터넷을 표현할 때 경계가 모호하고 실체가 정해지지 않는 이미지를 나타내기에 구름이 편리했기 때문입니다. 현재는 인터넷을 이용한 컴퓨터 사용 형태를 클라우드 또는 클라우드 컴퓨팅(5장 55절 참조)이라고 합니다.

네트워크로 연결된 기기가 클라우드를 구성

클라우드를 구성하는 요소는 인터넷을 구성하는 네트워크와 이와 연결된 컴퓨터, 서버 등의 기기입니다. 현실에서 이들을 한데 모아 놓은 시설이나 설비와 가장 가까운 것은 데이터센터라고 할 수 있습니다.

실제로 AWS(Amazon Web Services: 5장 59절 참조), 마이크로소프트 애저(5장 60절 참조), 구글 클라우드(5장 61절 참조) 같은 주요 클라우드 서비스를 제공하는 플랫폼은 아마존이나 마이크로소프트, 구글이 운영하는 세계적인 규모의 데이터센터입니다.

따라서 클라우드를 구성하는 기술과 데이터센터 관련 기술은 공통점이 있습니다. 클라우드는 서버와 네트워크 가상화(5장 52절 참조), 분산형 데이터베이스(5장 53절 참조), SaaS(Software as a Service: 5장 54절 참조) 같은 기술과 이용 형태에 따라 구성됩니다. 이제부터 각 용어와 관련 기술을 순차적으로 설명하겠습니다.

용어 노트

- 데이터센터: 대량의 서버를 가동시키려고 서버 랙, 네트워크 회선, 전원 · 공조 · 방화 · 내진 설비 등을 갖춘 시설이다. 이 시설만 이용하는 방식을 하우징이라고 하고, 서버까지 이용하는 방식을 호스팅(5장 52절 참조)이라고 한다.
- 플랫폼: 여기에서는 대규모 데이터센터에 대량의 서버를 설치하고 네트워크로 가상 서버 환경, 소프트웨어 기능, 서비스 등을 제공하는 기반을 의미한다.

❤ 그림 5-1 클라우드 이미지

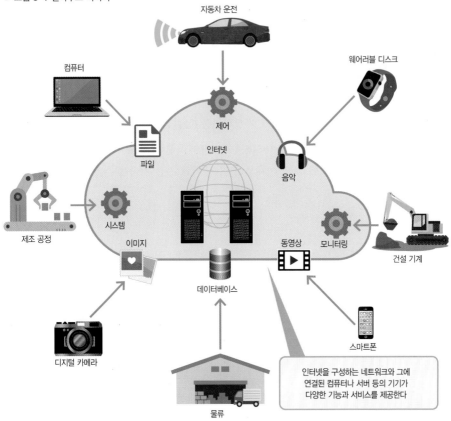

인터넷을 구성하는 네트워크와 그에 연결된 컴퓨터나 서버 등의 기기가 다양한 기능과 서비스를 제공한다

ONE POINT

SaaS에서 클라우드로 발전

클라우드라는 용어가 사용되기 이전, 네트워크상의 리소스를 서비스로 이용할 때 SaaS라는 단어가 사용되었습니다. SaaS는 비즈니스 소프트웨어를 제공하는 기업인 Salesforce.com이 고객 관리 소프트웨어를 서버에서 실행하고 그 기능을 사용자에게 제공하는 비즈니스를 시작한 것을 계기로 퍼진 용어입니다. 사용자가 직접 서버를 소유하지 않고, 인터넷으로 업무 소프트웨어를 이용할 수 있는 획기적인 이용 형태였습니다. 그 후 AWS는 소프트웨어가 아닌 스토리지 및 서버 OS 환경을 이용할 수 있는 플랫폼을 공개하여 현재 클라우드 서비스가 일반화되었습니다.

52 서버 가상화
서버를 논리적으로 구성하는 기술

클라우드 핵심 기술은 서버 가상화입니다. 클라우드의 서버는 물리적 구성에 의존하지 않고 논리적으로 구성됩니다. 이것으로 서버 한 대에서 다수의 CPU 나 OS 등을 사용할 수 있습니다.

서버 한 대로 여러 OS 등을 구성

서버 가상화는 하나의 서버에서 여러 개의 CPU와 OS 등을 논리적으로 구성하는 기술입니다. 이때 가상 머신(VM)이라는 기술을 사용하는데, VM은 한 컴퓨터에서 여러 개의 OS(리눅스나 윈도 등)를 운용할 때 사용합니다. 이를 서버에 적용하면 한 대의 서버에서 여러 개의 OS를 실행할 수 있습니다.

가상 서버는 각각 독립된 서버로 사용할 수 있으므로 이메일, 웹, 데이터베이스 등 각각 용도에 맞게 전용 서버를 구성할 수 있습니다. 데이터센터의 호스팅(임대 서버)을 이용하면 사용자는 서버에 할당하는 비용을 절감 및 효율화할 수 있습니다.

이것이 클라우드의 원형입니다. 그 전까지는 하드웨어를 구입하거나 물리적인 서버 호스팅이 일반적이었습니다. 가상 서버를 이용한 클라우드 서비스(5장 54절 참조)라면 개발용, 웹용, 전자상거래용 등 용도 또는 앱별로 가상 서버를 구성할 수 있습니다.

가상화 종류

가상화에는 호스트 OS형과 하이퍼바이저형 두 종류가 있습니다. 컨테이너 방식도 있는데, 이에 관해서는 5장 57절을 참조합니다. 호스트 OS형은 하드웨어에 설치된 OS(호스트 OS)에 가상 머신 소프트웨어를 설치하여 여러 OS(게스트 OS)를 실행합니다.

하이퍼바이저형은 하드웨어에 호스트 OS가 필요 없고, 그 대신 하이퍼바이저를 설치해서 여러 가상 머신을 실행합니다.

> **용어 노트**
>
> • 논리적: 하나의 물리 서버를 가상적인 사양으로 재정의하여 다수의 서버가 가동하는 것처럼 보이는 것이다.
> • 호스팅: 직접 서버를 소유하지 않고 데이터센터에 설치된 서버를 이용하는 방식이다. 이전에는 물리 서버 단위로 계약했지만 현재는 가상 서버나 클라우드 서비스로 계약하는 것이 일반적이다.

❤ 그림 5-2 호스팅과 클라우드의 차이점

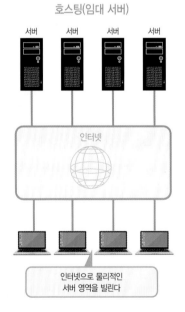
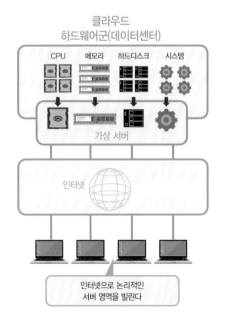

▼ 그림 5-3 호스트 OS형과 하이퍼바이저형의 가상화

53 분산 기술

노드가 자율적으로 통신하는 기술

인터넷은 원래 분산형 네트워크로 설계 및 구현되어 있습니다. 클라우드에서도 분산 기술은 중요하며, DNS나 클라우드 서비스 등은 분산형 구조로 되어 있습니다.

중앙 집중형과 분산형의 차이

컴퓨터 네트워크에서는 연결 유형(1장 02절 참조)과 관리 유형으로 네트워크를 분류합니다. 관리 유형은 중앙 집중형과 분산형으로 나눌 수 있습니다. 중앙 집중형은 전체 네트워크 트래픽을 단일 지점에서 관리할 수 있어 제어가 쉽고 관리가 간편하지만, 관리 호스트가 다운되면 전체 네트워크가 다운되고 네트워크의 확장성과 유연성도 제한됩니다.

반면에 분산형은 네트워크 전체를 중앙에서 관리하는 주체가 존재하지 않습니다. 각 노드(호스트 또는 라우터)는 각각 자율적으로 데이터 통신 및 패킷 교환을 수행합니다. 개별 호스트 또는 회선이 다운되어도 네트워크 전체의 가동은 멈추지 않습니다. 확장성과 유연성은 높아지지만, 통신을 위한 제어(프로토콜)가 복잡해지고 트래픽도 혼잡해지기 쉽습니다.

인터넷에서 활용되는 분산 기술

DNS(4장 44절 참조)는 전 세계 도메인 이름과 IP 주소 대응표를 관리하는 분산 데이터베이스입니다. 인터넷의 특징인 분산형 네트워크로 구현되었는데, 중앙 집중형으로는 이런 구조를 거의 실시간으로 관리하기가 불가능합니다.

대규모 클라우드 서비스에서도 필요한 서버 리소스를 전 세계 데이터센터로 분산시킵니다. 사용자는 예산이 허용하는 범위에서 언제든지 가상 서버(5장 52절 참조)를 가동할 수 있고 필요하지 않으면 삭제할 수 있습니다.

클라우드를 이용한 분산형 컴퓨팅에서는 액세스가 집중될 때만 서버를 증강하는 전자상거래 사이트 등을 간단히 구축할 수 있습니다. 장애에 강할 뿐만 아니라 시스템 가용성도 증가할 수 있습니다.

> **용어 노트**
>
> - 대규모 클라우드 서비스: 구체적으로는 AWS(5장 59절 참조)나 마이크로소프트 애저(5장 60절 참조) 등을 지칭한다.
> - 가용성: 기능이 필요할 때 정상적이고 지속적으로 사용할 수 있는 것으로, availability라고도 한다.

▼ 표 5-1 중앙 집중형과 분산형의 차이

구분	중앙 집중형	분산형
관리	집중 관리	자율, 분산 관리
제어	쉽다.	어렵다.
보안	보안 강도를 균일화하기 쉽다.	보안 강도가 제각이 되기 쉽다.
신뢰성	단일점 장애에 약하다.	여유도, 내장애성이 높다(다중화하기 쉽다).
유연성	낮다.	높다.
확장성	낮다.	높다.

❤ 그림 5-4 중앙 집중형과 분산형 네트워크의 이미지

중앙 집중형

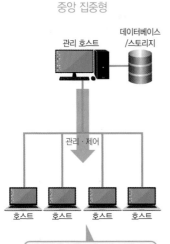

분산형

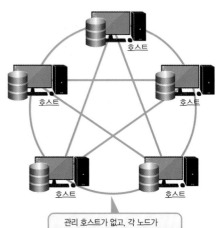

54 IaaS/PaaS/SaaS/DaaS
클라우드 서비스 이용 형태

클라우드 서비스는 이용 형태에 따라 IaaS, PaaS, SaaS 등으로 분류할 수 있습니다. 클라우드 서비스 이용 형태에 따른 차이를 확인해 두세요. 또 클라우드상에서 OS를 이용하는 DaaS라는 형태도 있습니다.

IaaS, PaaS, SaaS 이용 형태의 차이

클라우드가 제공하는 서비스는 이용 형태에 따라 다음과 같이 크게 IaaS (Infrastructure as a Service), PaaS(Platform as a Service), SaaS(Software as a Service)로 나눌 수 있습니다.

- IaaS: 클라우드 서비스에서 가상 서버(5장 52절 참조)를 이용할 때 하드웨어(서버)의 기본 구성(Infrastructure)을 지정하는 이용 형태입니다. CPU 종류, 프로세서 코어 수, 메모리 용량, 스토리지 용량, OS 종류 등[3]을 지정합니다. 싱글 코어, 4MB 메모리, 512GB 하드디스크 등 일반적인 사양부터 머신 러닝, 시뮬레이션 등에 사용되는 클러스터 구성까지 선택할 수 있습니다. 지정한 것 이외의 소프트웨어는 직접 구현합니다.

- PaaS: IaaS에서 지정하는 요소에 데이터베이스, 개발 환경 등 미들웨어라고 하는 시스템 애플리케이션까지 포함하는 형태입니다.

---

3   OS를 IaaS에 포함하는지에 대해서는 이견이 있습니다.

▪ SaaS: IaaS와 PaaS의 구성 요소가 아닌 애플리케이션이나 기능만 이용하는 형태입니다. PaaS까지는 가상 서버의 시스템이나 프로그램 등을 직접 구현하나, SaaS에서는 클라우드상에서 구동되는 재고 관리, 전자상거래 사이트 기능, CAD, 디자인 소프트웨어 등을 이용할 수 있습니다. 예를 들어 판매되는 메일 소프트웨어가 아닌 지메일을 사용하는 것은 이메일 기능인 SaaS를 이용하는 것입니다.

클라우드의 OS를 이용하는 DaaS

DaaS(Desktop as a Service)는 윈도나 macOS 등 클라이언트 단말기의 OS를 SaaS처럼 이용하는 형태입니다. 사용자 환경은 클라우드에 구축되므로 연결하는 단말기가 변경되어도 같은 컴퓨터의 데스크톱 환경에서 작업할 수 있습니다.

용어 노트

- 머신 러닝: 대량의 데이터에서 특정 패턴을 찾아내는 알고리즘이다. 방정식이나 통계 처리 같은 계산을 이용하지 않고, 데이터 전체의 특징점을 다원적인 축으로 추출한다.
- 시뮬레이션: 공기 흐름이나 온도 변화, 물체 동작 등을 수치 모델화해서 컴퓨터로 시험해 보는 것이다.
- 클러스터 구성: 복잡한 계산이나 암호화 처리, 방대한 데이터 처리 등을 하려고 다수의 컴퓨터나 CPU 등을 연결시켜 병렬 처리하는 시스템이다.

▼ 표 5-2 이용 형태의 특징과 호스팅, 하우징의 차이

● IaaS, PaaS, SaaS, DaaS

이용 형태	제공되는 것	직접 준비하는 것
IaaS	CPU, 메모리, 스토리지, OS	미들웨어와 애플리케이션 등
PaaS	IaaS + 데이터베이스, 개발 환경, 미들웨어	애플리케이션 등
SaaS(ASP)	PaaS + 애플리케이션	운영, 관리 업무
DaaS	클라우드상의 데스크톱 환경	단말기, 원격 접속 소프트웨어 등

⊙ 계속

● 데이터센터의 호스팅과 하우징의 차이

형태	제공되는 것	직접 준비하는 것
호스팅	서버 하드웨어, 랙, 데이터센터의 설비	OS 등 필요한 소프트웨어와 운영 관리
하우징	랙, 데이터센터의 설비	서버 하드웨어 등 일체

▼ 그림 5-5 이용 형태별 서비스 차이

※ 프로바이더나 데이터센터에 따라 구분이 달라지기도 한다.

ONE POINT

SaaS와 ASP의 차이

ASP(Application Service Provider)란 웹 서버나 웹 브라우저의 기능을 이용하여 계약자에게 클라우드를 통해 애플리케이션을 사용할 수 있는 환경을 제공하는 것입니다. 소프트웨어를 자신의 컴퓨터나 서버에 설치하는 것이 아니라 필요한 기능을 인터넷에서 이용하는 점은 SaaS와 같습니다. SaaS는 클라우드의 명칭이나 이용 형태를 나타내고, ASP는 SaaS를 제공하는 사업자(프로바이더)나 그 비즈니스를 나타내는 점에서 차이가 있습니다.

55 클라우드 컴퓨팅/온프레미스
인터넷상의 리소스를 이용하는 기술

클라우드가 보급되면서 기업의 업무 시스템, 웹 서비스 등 운영 방식이 달라지고 있습니다. 물리적으로 IT 리소스를 소유(온프레미스)하는 경우와 클라우드를 이용하는 경우의 차이점을 비교해 봅시다.

도입할 때와 운영할 때 비용 차이

클라우드(클라우드 컴퓨팅)와 대응되는 용어로 온프레미스가 있습니다. 온프레미스는 서버 등을 소유하고 직접 관리하는 시설 내에서 운영하는 것을 의미합니다. 클라우드 이전에는 업무 시스템 등을 운영할 때 오피스나 데이터센터 등에서 물리적인 리소스를 소유해야만 했습니다. 온프레미스에서는 처음 도입할 때 설비 투자 등 비용이 필요합니다. 다만 큰 비용이 발생하는 것은 도입 초기뿐이고, 운영할 때는 관리나 보수 비용이 필요한 정도입니다.

반면에 클라우드는 물리적인 리소스를 소유하지 않고 인터넷에서 이용하는 형태입니다. CPU 가동 시간, 스토리지 용량, 네트워크 트래픽 등에 따라 비용이 달라지지만, 월 이용료만으로 운영할 수 있습니다. 다만 이용료는 계약 기간 내내 계속해서 발생합니다.

시스템 변경이나 보안 대책의 특징

온프레미스 환경에서는 업무 시스템을 변경하거나 확장하려면 물리적으로 하드웨어나 소프트웨어를 교체해야 합니다. 반면에 클라우드 환경에서는 관리 화면 조작으로 즉시 가상 서버를 추가하거나 제거할 수 있습니다. 또 가상 서버 추가 및 제거는 네트워크 혼잡 상황에 따라 시간 설정으로 자동화할 수도 있습니다.

일반적으로 온프레미스 환경의 보안 대책은 직접 시행해야 하지만, 클라우드는 보통 대규모 데이터센터를 이용하므로 기본적인 보안 대책은 이용료에 포함됩니다. 다만 인터넷에서 이용하기 때문에 고도의 보안이 꼭 필요한 용도에서는 클라우드가 꺼려질 수도 있습니다.

> **용어 노트**
>
> - 온프레미스: 영어로는 On-Premises로, '시설 내에' 등이라는 뜻이 있다.
> - 이용료: 가상 서버의 사양이 노트북 컴퓨터 정도 수준이라면, 1일 몇백 원에서 몇천 원 정도의 비용으로 이용할 수 있다.
> - 관리 화면 조작: 가상 서버를 시작하는 것뿐이라면 몇 분 만에 설정을 완료할 수 있다.
> - 보안 대책: 일반적으로 클라우드는 온프레미스보다 보안 대책이 잘 되어 있다고 여겨진다. 단 인터넷을 경유한다는 위험은 있다.

▼ 표 5-3 온프레미스와 클라우드의 비교

항목	온프레미스	클라우드
도입 비용	크다.	적다.
운영 비용	적다.	중간
자유도	임의의 시스템 구축 가능하다.	클라우드의 서비스나 기능으로 제한한다.
관리, 보수	소유한 모든 리소스에 필요하다.	이용 계약된 부분은 불필요하다.
시스템 증강	어렵다(비용이 크다).	쉽다.
시스템 삭감	어렵다(자산 파기, 상각).	쉽다.
보안성	낮다.	높다. 인터넷 연결 위험성이 있다.
용도 등	• 물리 서버가 필요하다. • 국내에서 관리가 필요하다. • 높은 보안성이 필요하다.	대부분의 업무 시스템에 대응 가능하다.

♥ 그림 5-6 온프레미스와 클라우드 이용 형태의 이미지

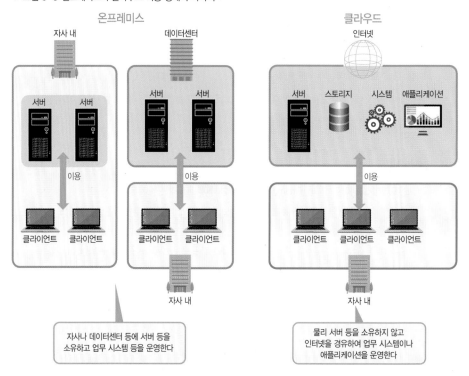

온프레미스

자사 내

데이터센터

클라우드

인터넷

서버   서버

서버   서버

서버   스토리지   시스템   애플리케이션

이용

이용

이용

클라이언트   클라이언트

클라이언트   클라이언트

클라이언트   클라이언트   클라이언트

자사 내

자사 내

자사나 데이터센터 등에 서버 등을
소유하고 업무 시스템 등을 운영한다

물리 서버 등을 소유하지 않고
인터넷을 경유하여 업무 시스템이나
애플리케이션을 운영한다

56 에지 컴퓨팅
단말기에 가까운 위치에 서버를
분산 배치하는 구조

IoT 기기와 자율 주행차 등이 보급되면서 클라우드 측 서버 부하가 커지고 있으며, 응답 시간 지연 등이 문제가 되고 있습니다. 이런 문제를 해결하고자 에지 컴퓨팅 구조를 이용합니다.

클라우드의 폐해

클라우드에서는 업무 핵심이 되는 시스템이나 데이터베이스 등이 클라우드 측 서버에 집중됩니다. 사내에서는 컴퓨터 등을 **클라이언트**로 사용하고, 기능은 클라우드 측에서 제공하는 서버를 사용하여 클라이언트-서버 형태(3장 27절 참조)로 역할을 분담하므로 복잡한 업무도 효율적으로 처리할 수 있습니다.

그러나 IoT에서는 인터넷에 연결되는 단말기가 카메라, 센서, 자동차, 로봇 등이 됩니다. 이런 기기들은 특정한 기능에 특화되어 있어 범용적인 처리에 약합니다. 그래서 단말기의 다양화나 IoT 보급 등이 진행되면서 서버 부하가 증가합니다. 또 인터넷으로 전송되므로 응답 시간(레이턴시) 지연도 문제가 됩니다. 실시간성이 중요한 IoT 기기 등에서는 네트워크 지연이 있으면 기능을 충분히 활용할 수 없습니다.

에지 컴퓨팅을 이용한 부하 해소

에지 컴퓨팅은 단말기 측 또는 단말기에 가까운 위치에 서버를 분산 배치하는 기술입니다. 데이터 수집, 응답 처리, 상위 서버로 데이터나 요청을 보내기 전에 전처리 등을 담당하는 서버를 인터넷의 에지 부분에 배치함으로써 서버의 부하나 응답 시간 지연 등을 해소합니다.

모바일 네트워크를 이용한 센서 네트워크(6장 72절 참조)나 IoT 기기 등에서는 기지국 등에 에지 서버를 배치하여 실시간 처리 및 서버나 인터넷 트래픽의 부하 해소에 대처합니다. 더불어 5G 네트워크를 활용하는 다양한 애플리케이션과 기술 등도 개발이 진행되고 있습니다.

> **용어 노트**
>
> - 클라이언트: 클라이언트 측 컴퓨터에는 어느 정도의 성능을 가진 프로세서가 탑재되고 OS가 관리한다.
> - 레이턴시: 처리를 요구하고 나서 처리 결과가 돌아올 때까지 필요한 통신 응답 시간을 의미한다.
> - 에지 서버: 클라우드에서의 클라이언트 서버형 접속 형태로, 응답 시간 지연을 피하고자 클라이언트와 가까운 위치에 설치되는 서버. WAN과 LAN의 경계(에지)에 설치된다.
> - 5G 네트워크: 고속·대용량, 다접속, 저지연(실시간)을 특징으로 하며, VR이나 AR의 처리, 실시간 원격 제어 등에 효과적이다.

▼ 그림 5-7 에지 컴퓨팅의 장점

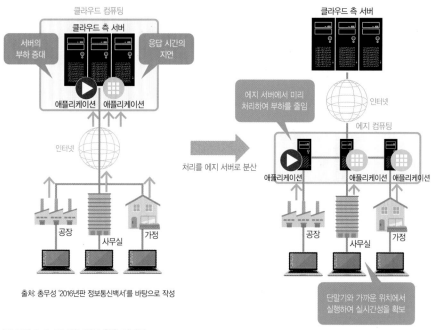

출처: 총무성 '2016년판 정보통신백서'를 바탕으로 작성

▼ 그림 5-8 5G 네트워크 활용 이미지

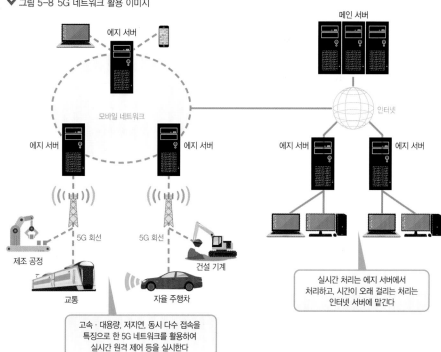

57 컨테이너
애플리케이션 동작 환경을 가상으로 구축하는 기술

클라우드를 구성하는 기술로 서버 가상화가 있는데, 유사한 기술로 컨테이너라는 것도 있습니다. 컨테이너는 애플리케이션 동작 환경을 가상화하여 구축하는 기술이지만, 현재는 가상 서버에서도 활용됩니다.

애플리케이션 동작 환경을 구축하는 컨테이너 구조

컨테이너는 하나의 OS상에 여러 애플리케이션의 동작 환경을 가상으로 구축하는 기술입니다. 5장 52절에서 소개한 호스트 OS형 및 하이퍼바이저형에서는 게스트 OS를 포함한 가상 머신을 생성했지만, 컨테이너에서는 게스트 OS를 제외하고 애플리케이션과 그 동작 환경을 컨테이너 엔진이 가상화해서 실행합니다.

가상화된 애플리케이션 및 동작 환경 하나하나를 컨테이너라고 합니다. 컨테이너는 게스트 OS를 포함하지 않고 호스트 OS의 기능을 이용하여 동작하므로, 동작이 가볍고 컨테이너를 교체하면서 유연한 환경을 구축할 수 있다는 특징이 있습니다.

각각의 컨테이너는 독립적으로 동작하기 때문에 다른 컨테이너에 직접 액세스할 수는 없습니다. 컨테이너 사이의 통신에는 컨테이너 엔진이 제공하는 가상 네트워크 브리지를 이용합니다.

도커와 쿠버네티스를 활용한 컨테이너

컨테이너 엔진으로는 **도커**(Docker)라는 소프트웨어가 대표적입니다. 애플리케이션과 동작 환경이 패키지화된 도커 이미지가 많이 준비되어 있어 손쉽게 애플리케이션 동작 환경을 구성할 수 있는 것이 특징입니다. 또 도커에서는 물리적 서버가 분리되어 있어도 같은 운영 체제라면 네트워크를 이용하여 하나의 시스템으로 관리하는 상호 연결이 가능합니다.

네트워크를 이용하여 여러 개의 컨테이너 엔진(도커)을 관리할 수 있는 것이 **쿠버네티스**(Kubernetes)라고 하는 소프트웨어입니다. 컨테이너로 도커와 쿠버네티스를 사용하면 웹 기반 마이크로서비스(5장 58절 참조)를 구현하기 쉽습니다.

용어 노트

- 가상 네트워크 브리지: 컨테이너마다 설정되는 가상 NIC(네트워크 인터페이스 카드), 가상 스위치, 가상 라우터 기능을 모은 가상 네트워크의 브리지 기능이다.
- 도커: 클라우드 환경에서 이용되는 컨테이너 엔진 중 하나다.
- 쿠버네티스: 도커 등 컨테이너 엔진으로 구축된 컨테이너 관리를 자동화하는 오픈 소스 소프트웨어다.

❤ 그림 5-9 호스트 OS형 가상화와 컨테이너의 차이

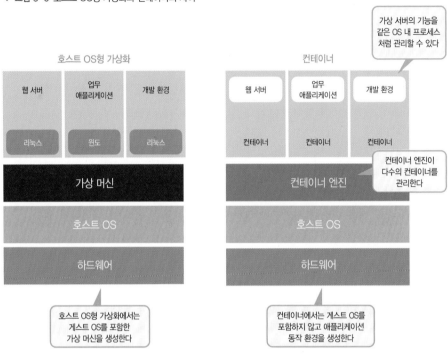

❤ 그림 5-10 도커와 쿠버네티스를 활용한 컨테이너

58 마이크로서비스

기능을 조합하여 앱을 실현하는 기술

마이크로서비스란 소규모 기능을 서버 서비스로 구현한 것입니다. 이런 기능들을 결합하여 다른 기능이나 서비스를 실현할 수 있으며, 클라우드에서도 효과적인 기술이 되었습니다.

애플리케이션 개발 기법으로서 마이크로서비스

마이크로서비스는 애플리케이션을 개발하는 기법의 하나입니다. 애플리케이션을 하나의 소프트웨어로 구축(일체형 또는 모놀리스 등)하는 대신 기능 요소별로 모듈을 개발하고 이들을 연계·조합해서 하나의 애플리케이션을 구축합니다. 아이디어는 객체 라이브러리를 사용하여 프로그램을 조립해 나가는 방식과 유사하지만, 마이크로서비스에서는 각 요소가 서버처럼 독립되어 있고 통신을 해서 기능이나 데이터를 교환합니다. 이런 앱 개발 기법은 서비스 지향 아키텍처(SOA)로서 이전부터 존재했습니다. 하지만 이전에는 네트워크나 하드웨어 등 성능이 충분하지 않았고 서버 가상화 기술도 발달하지 않았기 때문에 마이크로서비스를 제공하는 서버나 시스템의 보급이 용이하지 않았습니다.

컨테이너 개발 기법으로서 마이크로서비스

현재는 네트워크 인프라의 정비, 하드웨어 기술의 발전, 서버 가상화 및 컨테이너 기술(5장 57절 참조)의 보급 등으로 마이크로서비스를 구현하기가 쉬워졌습니다. 주로 HTTPS(4장 43절 참조)나 REST API(4장 50절 참조)를 이용해서 애플리케이션 및 서비스를 구현할 때 마이크로서비스를 적용합니다. 도커 등 컨테이너 엔진을 쿠버네티스로 관리하는 개발 기법(5장 57절 참조)에서도 마이크로서비스 개념이 적용되고 있습니다. 클라우드 서비스상의 가상 서버를 컨테이너로 구성함으로써 애플리케이션에 필요한 기능을 가상화로 캡슐화하고 쿠버네티스가 관리를 자동화합니다. 이런 개발 기법은 데브옵스(DevOps)라고 하는 웹 서비스 개발에 필수적입니다.

용어 노트

- 모듈: 인증이나 결제 등의 기능, AI 처리, 지도 표시 등 애플리케이션을 구성하는 일반적인 기능을 실현하는 프로그램 단위다.
- 객체 라이브러리: 함수나 모듈 등 기능을 실현하는 실행 가능한 코드를 간단히 호출할 수 있게 한 파일이다.
- 서비스 지향 아키텍처(SOA): 애플리케이션을 개발에서 필요한 기능을 설계하여 조립하는 것이 아니라 필요한 기능을 서비스 단위로 생각하고 그것들을 구현하는 기능을 개발하는 사고방식이다. 전체 기능은 서비스의 조합으로 생각한다.
- 데브옵스(DevOps): 웹 서비스 등 기능 개선과 릴리스에 신속한 대응이 요구되는 시스템에서 개발과 운영이 밀접하게 연계되어 기능 개발, 도입, 업데이트 등을 효율적으로 수행하는 방법이다.

❤ 그림 5-11 마이크로서비스 기능

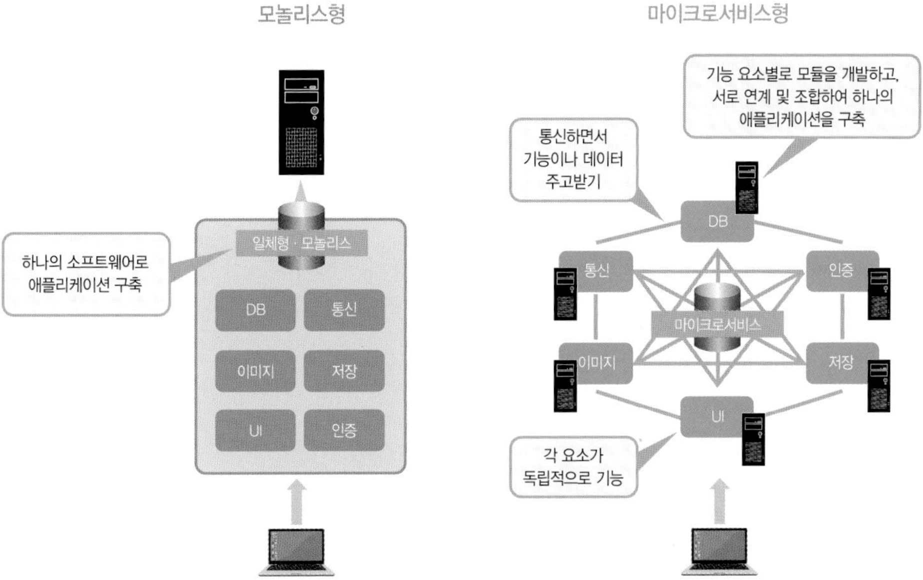

모놀리스형   마이크로서비스형

기능 요소별로 모듈을 개발하고,
서로 연계 및 조합하여 하나의
애플리케이션을 구축

통신하면서
기능이나 데이터
주고받기

하나의 소프트웨어로
애플리케이션 구축

일체형·모놀리스

DB	통신
이미지	저장
UI	인증

DB

통신   인증

마이크로서비스

이미지   저장

UI

각 요소가
독립적으로 기능

❤ 그림 5-12 마이크로서비스를 활용한 EC 사이트 이미지

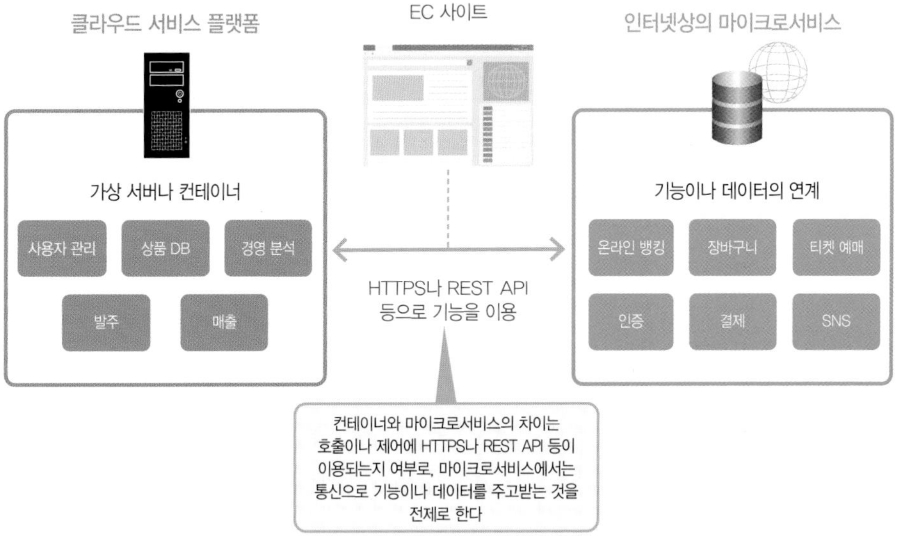

클라우드 서비스 플랫폼   EC 사이트   인터넷상의 마이크로서비스

가상 서버나 컨테이너

| 사용자 관리 | 상품 DB | 경영 분석 |
| 발주 | 매출 |

기능이나 데이터의 연계

| 온라인 뱅킹 | 장바구니 | 티켓 예매 |
| 인증 | 결제 | SNS |

HTTPS나 REST API
등으로 기능을 이용

컨테이너와 마이크로서비스의 차이는
호출이나 제어에 HTTPS나 REST API 등이
이용되는지 여부로, 마이크로서비스에서는
통신으로 기능이나 데이터를 주고받는 것을
전제로 한다

59

AWS
아마존이 운영하는 클라우드 플랫폼

AWS(Amazon Web Services)는 전 세계에서 사용되는 클라우드 플랫폼 중 하나입니다. 사용자는 개인에서 대기업까지 규모나 업종을 묻지 않습니다. AWS는 가상 서버 및 스토리지 같은 다양한 기능을 제공합니다.

아마존이 관리하는 데이터센터의 AWS

AWS의 실체는 아마존(Amazon)이 관리하는 데이터센터들입니다. AWS에서는 이 데이터센터를 리전(국가, 지역) 26개와 가용 영역(AZ: 각 지역의 데이터센터 모음) 84개로 나누었습니다(2022년 3월 현재). 모두 가상화(5장 52절 참조)되어 있으며, 사용자가 지정하지 않는 한 자신의 가상 서버가 어디에 어떻게 구축되는지 알 수 없습니다. 사용자에게는 가상화된 서버 공간에 VPC(Virtual Private Cloud)라는 인트라넷에 해당하는 전용 공간이 할당됩니다. 이 공간은 일반적으로 동일 AZ 내에 구축되며 사용자 서버는 VPC 내에 EC2로서 구축됩니다. AWS에서는 EC2 등의 가상 서버를 인스턴스라고 합니다.

AWS가 제공하는 기능

AWS는 원래 가상 서버(EC2)와 가상 스토리지(S3)를 클라우드로 제공하는 서비스에서 시작되었습니다. 현재는 기업 IT 환경의 거의 모든 것을 구축할 수 있도록 계정 인증 메커니즘(IAM), 데이터베이스(RDB), CDN(Cloud Front)과 로드밸런서(ELB), DNS 서비스(Route53), 전용 회선, 온프레미스(5장 55절 참조) 연결 서비스, 게이트웨이 기능 등을 제공합니다. 사용자에게는 AWS 설정 및 관리뿐만 아니라 미들웨어 및 애플리케이션 개발에 필요한 기능(서비스 및 API)이 마켓플레이스(marketplace)의 메뉴로서 준비되어 있습니다. AWS 서비스에서는 AI 이미지 인식이나 딥러닝 등과 관련된 요구에도 대응하고 있습니다.

용어 노트

- VPC: VPC는 서브 VPC를 가질 수 있다.
- EC2: Elastic Compute Cloud의 약어. AWS에서 가상 서버의 본체다.
- CDN: Contents Delivery Network의 약어. 콘텐츠 등을 효율적으로 전달하려고 구축된 서버 네트워크다. AWS에서는 Cloud Front라고 한다. 전 세계에 거점(리전)을 배치하고 대용량 네트워크를 이용하여 가상 환경에서 CDN을 제공한다.
- 로드밸런서: 웹 사이트 접속이 집중되거나 부하가 과중될 때 대응하는 프록시 서버다. 프록시는 서버 그룹의 전단에서 트래픽이 들어오고 나가는 것을 담당해서 처리하는 역할을 한다. 로드밸런서는 외부에서 액세스를 여러 서버로 나누어 부하를 분산시킨다.

▼ 그림 5-13 AWS의 데이터센터 구성

○ 리전
○ 오픈되지 않은 리전

리전과 AZ는 수시로 추가 및 변경되며,
지역별 AZ는 주변의 여러 데이터센터가
전용 회선으로 연결되어 구성한다

▼ 그림 5-14 AWS 구성 예

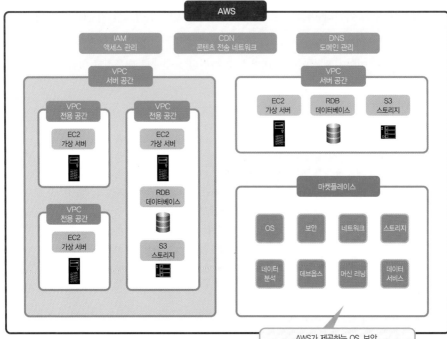

60 마이크로소프트 애저

마이크로소프트가 운영하는
클라우드 플랫폼

마이크로소프트 애저(Microsoft Azure)는 AWS처럼 전 세계적으로 이용되는 클라우드 플랫폼입니다. 컴퓨팅, 데이터, 애플리케이션, 네트워크 등 네 가지 기본 서비스가 있으며, 윈도 제품에 한정되지 않고 이용할 수 있습니다.

마이크로소프트 애저의 구성

마이크로소프트에서 제공하는 마이크로소프트 애저도 AWS(5장 59절 참조)와 마찬가지로 가상화 기술을 활용한 클라우드 플랫폼입니다. AWS와 동등한 기능이나 서비스를 갖추고 있고 가상 서버를 가상 네트워크로 연결하는 기능도 있지만, 마이크로소프트 애저 쪽이 IaaS나 PaaS(5장 54절 참조)를 고려한 클라우드 구성으로 되어 있습니다.

마이크로소프트 애저에서는 서버 인스턴스(가상 서버의 단위)를 하드웨어와 OS의 세트로 생각합니다. 마이크로소프트에서 제공하는 클라우드 플랫폼이지만, OS나 데이터베이스 관리 시스템 등은 다른 회사의 제품을 사용할 수도 있습니다. 리눅스, 오라클, MySQL 등 OS와 미들웨어를 포함하여 원하는 대로 구성할 수 있습니다.

마이크로소프트 애저의 기본 서비스

마이크로소프트 애저에는 컴퓨팅, 데이터, 애플리케이션, 네트워크 등 네 가지 기본 서비스가 있습니다. 예를 들어 데이터베이스 관리 시스템은 데이터 서비스, VPN(7장 82절 참조)과 CDN(5장 59절 참조)은 네트워크 서비스 중 하나로 제공됩니다. AWS의 마켓플레이스에 해당하는 것은 앱 서비스입니다. 마이크로소프트 애저는 클라우드나 시스템 개발 등 지식과 기술이 충분하지 않은 일반 기업에서 많이 이용하는 것으로 보입니다. 업무 시스템 시장에서는 마이크로소프트 제품을 이용한 시스템 구축(SI)을 전문으로 하는 기업이 많아 이들 기업에 시스템 클라우드 이전을 의뢰하면 마이크로소프트 애저를 이용하기 쉽다는 배경도 있습니다. 또 AWS는 요금을 달러로 청구하거나 요금 처리가 기업 관행에 맞지 않아 마이크로소프트 애저를 선택하는 사용자도 있습니다.

용어 노트

- 가상 네트워크: 여기에서는 클라우드 플랫폼 내 관리 화면 등에서 설정할 수 있는 가상적인 회선, 스위치, 라우터 등을 가리킨다.
- SI: System Integration의 약어. 업무에 필요한 IT 시스템의 설계 및 구축, 운영, 유지 보수 등을 대행하는 서비스를 의미한다. 이를 수행하는 사업자를 시스템 벤더나 SIer 등이라고 한다.

▼ 표 5-4 마이크로소프트 애저의 기본 서비스

기본 서비스	제공되는 기능 예
컴퓨팅	가상 머신(IaaS/PaaS), 각종 API 서비스, 컨테이너 서비스
데이터	스토리지, 데이터베이스, 검색, 데이터 웨어하우스
애플리케이션	Hadoop, 머신 러닝, 데이터레이크 분석, CDN, 기타
네트워크	VPN, 다중화 기능, DNS

❤ 그림 5-15 마이크로소프트 애저의 구조

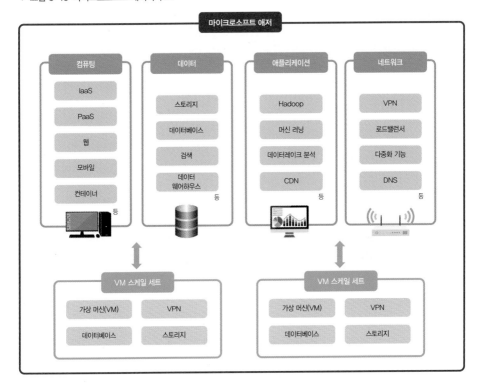

61 구글 클라우드 플랫폼
구글이 운영하는 클라우드 플랫폼

구글 클라우드(Google Cloud)는 구글에서 제공하는 클라우드 플랫폼입니다. 일 반적으로 머신 러닝이나 빅데이터 해석에 강하다고 여겨 AI 개발이나 데이터 분석에 자주 이용됩니다.

머신 러닝과 데이터 분석에 뛰어난 구글 클라우드

구글은 검색 엔진이나 그와 관련된 빅데이터 분석을 잘하는 기업입니다. 따라 서 구글 클라우드는 업무 시스템을 클라우드로 구축하는 용도보다 머신 러닝이 나 고도의 통계 처리, 시뮬레이션, 빅데이터 해석 등에서 주로 이용됩니다. 물 론 컴퓨팅, 스토리지, 네트워크 등 기본적인 기능도 갖추고 있어 구글 클라우드 로 업무 시스템을 구축할 수도 있습니다.

기본 기능부터 AI 개발까지 지원하는 구글 클라우드 서비스

구글 클라우드에서는 사용자의 가상 공간이 프로젝트로 관리됩니다. 컴퓨팅 기 능에서는 컴퓨트 엔진(compute engine)과 앱 엔진(app engine)이 주요 서비스입 니다. 컴퓨트 엔진은 IaaS, 앱 엔진은 PaaS에 해당합니다.

스토리지 기능에서는 클라우드 스토리지(Cloud Storage)가 기본이고, 클라우드 SQL이라는 데이터베이스 서비스가 있습니다. 클라우드 빅테이블(Cloud Bigtable) 및 클라우드 데이터스토어(Cloud Datastore)에서는 빅데이터 분석을 의식한 대규모 테이블 및 비정형 데이터 등도 처리합니다. 네트워크 기능에서는 로드밸런싱(load balancing) 및 DNS 등이 준비되어 있습니다.

빅데이터 및 머신 러닝 관련에서는 분석 서비스인 빅쿼리, 스트림 데이터 처리에 특화된 데이터 플로(Data Flow), 이미지 분석 서비스인 클라우드 비전 API(Cloud Vision API) 등이 준비되어 있습니다.

구글이 개발에 참여하고 있는 텐서플로(Tensorflow)는 딥러닝 플랫폼으로서 기능이 뛰어나고 사용하기도 편하여 AI 개발에서 표준이 됩니다. 텐서플로를 쓰려고 구글 클라우드를 계약하는 사용자도 적지 않습니다.

용어 노트

- 프로젝트: 구글 클라우드에서 이용하는 가상 서버나 리소스 등 가상 환경을 관리하는 단위다. 프로젝트 단위로 사용자나 이용료 등을 관리한다.
- 비정형 데이터: 이미지 데이터나 로그 데이터 등 데이터베이스로 관리하는 구조화 처리가 되지 않은 데이터다. NoSQL 데이터라고도 한다.
- 스트림 데이터 처리: 로그 파일이나 동영상 데이터 등 시간 경과와 함께 무한히 발생하는 대량의 데이터를 실시간으로 처리하는 것이다.
- 텐서플로: 구글이 개발 및 관리하는 오픈 소스 딥러닝 엔진이다.

▼ 그림 5-16 구글 클라우드 구조

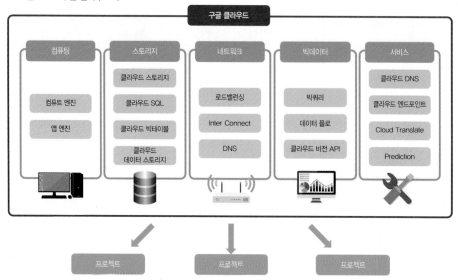

▼ 그림 5-17 구글 클라우드로 AI 시스템 실현

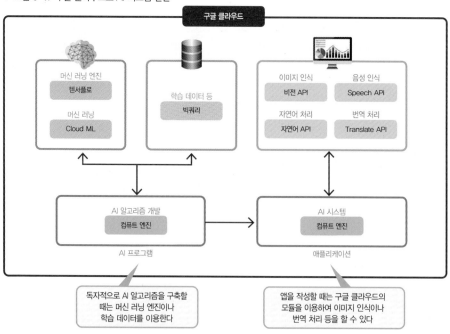

62 프라이빗 클라우드와 퍼블릭 클라우드

클라우드 서비스 이용 형태

클라우드 플랫폼으로는 AWS, 마이크로소프트 애저, 구글 클라우드가 대표적이며, 이를 활용하여 서비스를 제공하는 기업도 있습니다. 여기에서는 클라우드 서비스 이용 방법을 소개합니다.

액세스 대상에 따라 달라지는 두 가지 이용 방법

클라우드에는 프라이빗 클라우드와 퍼블릭 클라우드 두 종류가 있습니다. 프라이빗 클라우드는 클라우드상의 서버 등을 전용 회선이나 VPN(7장 82절 참조)으로 연결하여 독점적으로 사용할 수 있는 클라우드를 의미합니다. 가상 서버 등도 자사 시스템 전용으로 해서 외부 접속을 가정하지 않고 설계합니다. AWS나 구글 클라우드의 원형은 이런 인트라넷을 클라우드화한 것입니다. 또 자사가 계약 또는 보유한 데이터센터에 가상 서버 등을 활용하여 클라우드 환경을 구축하는 것도 프라이빗 클라우드라고 합니다.

반면에 퍼블릭 클라우드는 AWS나 마이크로소프트 애저처럼 계정을 등록하면 누구나 사용할 수 있는 클라우드를 의미합니다. 지메일(Gmail), 원드라이브(OneDrive), 드롭박스(Dropbox), 슬랙(Slack), 줌(Zoom) 등 일반 사용자를 대상으로 클라우드에 구축된 서비스를 퍼블릭 클라우드라고 합니다.

클라우드 플랫폼으로 서비스 전개

자사 인트라넷 내 시스템을 AWS나 마이크로소프트 애저를 이용하여 클라우드에서 재현하는 경우도 있습니다. 업무 시스템을 클라우드화할 때 이런 방식이 일반적입니다. 이는 퍼블릭 클라우드를 이용하여 프라이빗 클라우드를 구축한 상태가 됩니다.

벤처 기업에서는 자체적으로 서버나 하드웨어 등을 소유하지 않고 퍼블릭 클라우드로 일반 사용자에게 서비스를 제공할 때가 있는데, AWS를 이용하여 사진 저장 서비스나 동영상 전송 서비스 등을 제공합니다.

용어 노트

- 사진 저장 서비스: Amazon Photos처럼 사용자의 사진 데이터를 클라우드에 저장하는 서비스나.
- 동영상 전송 서비스: 인터넷이나 모바일 네트워크 등으로 동영상을 제공하는 서비스다. 넷플릭스의 전송 시스템은 AWS를 이용하여 구축했다.

▼ 그림 5-18 프라이빗 클라우드와 퍼블릭 클라우드의 이용 이미지

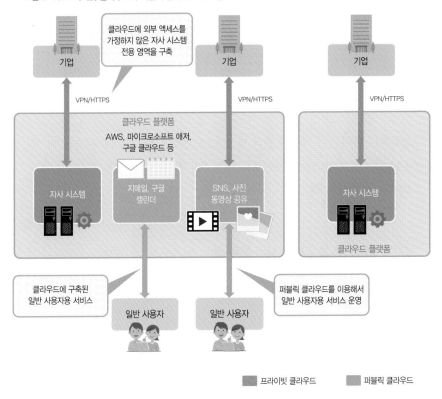

AWS와 구글 클라우드는 내부 시스템이 원형

AWS나 구글 클라우드는 자사 서비스를 개발하려고 구축한 시스템 플랫폼을 범용적인 서비스로 공개한 것입니다. 아마존은 서적부터 식품, 동영상과 음악까지 취급합니다. 이것들을 기반으로 구축된 클라우드 환경이 AWS(EC2나 S3)의 원형입니다. 지메일이나 구글 지도 서비스용으로 구축했던 내부 시스템 기반 부분만 외부에서 사용할 수 있게 한 것이 구글 클라우드입니다.

63 CDP/DDP
데이터를 관리하는 플랫폼

클라우드 플랫폼 중 데이터 관리 및 활용에 특화된 것으로 CDP와 DDP가 있습니다. 개인 정보나 로그 데이터는 물론, IoT 기기와 각종 센서의 데이터 등을 관리하고 데이터 활용을 넓히는 기술입니다.

개인 정보 등을 관리하는 플랫폼

인터넷에서 서비스를 제공할 때 사용자의 이름, 나이, 직업 등 개인 정보나 **속성 정보**, 웹 사이트 열람 이력, 쇼핑몰에서 구매한 이력 같은 로그 데이터는 중요합니다. 이런 데이터를 이용하여 웹 사이트의 사용성 향상이나 **표적 광고** 배포 등 전략을 세울 수 있습니다. 개인 정보와 관련된 정보는 신중하게 취급해야 하지만, 잘 활용하면 웹 사이트마다 같은 정보를 입력할 필요가 없고 불필요한 광고가 표시되지 않게 할 수 있습니다. 일반적으로 이런 기능을 실현하려면 쿠키(4장 43절 참조)를 사용합니다. 개인 정보나 속성 정보 등을 폭넓게 수집 및 관리하는 데이터 플랫폼을 CDP(Customer Data Platform)라고 합니다.

IoT 기기 등에서 수집되는 데이터를 관리하는 플랫폼

기업이 보유하는 데이터에는 IoT 기기 등에서 수집되는 것도 포함됩니다. 전철이나 버스에서 수집되는 교통 데이터, 카메라나 센서 네트워크에서 수집되는 데이터, 각종 업무 단말기에서 수집되는 데이터 등은 빅데이터로서 통계에 활용되거나 교통 체증 예측 등 사회나 행정 서비스에도 활용할 수 있습니다. IoT 기기나 각종 단말기에서 수집되는 데이터를 집약하는 데이터 플랫폼을 DDP(Device Data Platform)라고 합니다. CDP나 DDP는 마케팅뿐만 아니라 **정보 은행**이나 **디지털 트랜스포메이션(DX)** 목적에서도 주목받고 있습니다. 이런 데이터에는 프라이버시와 관련된 정보도 포함되므로 데이터를 다루는 사업자에게는 보안 대책 등 엄격한 데이터 관리가 요구됩니다.

용어 노트

- **속성 정보**: 사용자의 성별, 나이, 주거지, 직업, 연수입 등 사용자가 가진 성질이나 특징 등의 정보를 의미한다.
- **표적 광고**: 불특정 다수를 대상으로 하는 광고가 아니라 특정한 이용자나 속성 등을 표적으로 좁혀 배포하는 광고다.
- **정보 은행**: 미디어나 플랫폼에서 독립해서 개인 정보를 관리하고, 제3자에게 적절히 제공하는 사업이다. CDP나 DDP의 광고 이용은 개인 정보 보호 측면에서 문제가 지적되고 있다.
- **디지털 트랜스포메이션(DX)**: 기업이 데이터와 디지털 기술을 활용하여 제품이나 서비스, 비즈니스 모델 등을 변화시켜 경쟁 우위를 확보하는 것이다. 단순히 업무를 IT화하는 것이 아니라 조직이나 프로세스, 기업 문화 등을 디지털 기술로 혁신한다.

❤ 그림 5-19 CDP와 DDP의 비교

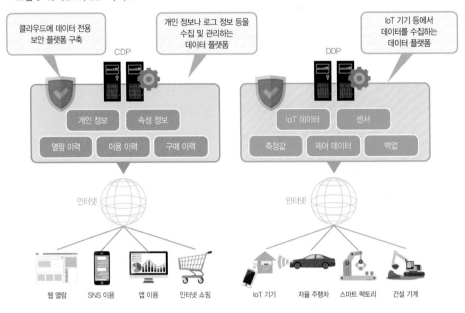

❤ 그림 5-20 CDP를 응용한 자동 광고 배포

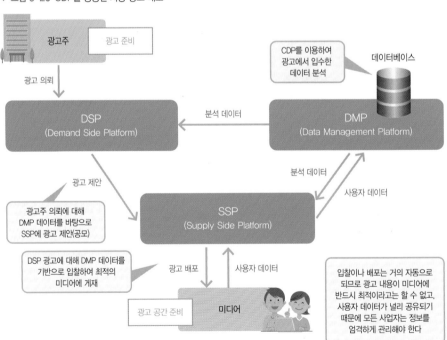

클라우드 시대의 네트워크

클라우드가 보편화되면 네트워크에 어떤 변화와 영향을 미치게 될까요?

LAN과 인터넷의 경계 모호

가장 큰 변화는 내부 네트워크인 LAN과 외부 네트워크인 인터넷의 경계가 모호해지는 것입니다. 업무 시스템 서버가 회사나 데이터센터 내에 있다면 내부 네트워크인 LAN의 경계는 회사 내부나 데이터센터 내 자사 서버로 생각할 수 있습니다. 그런데 클라우드 가상 서버에 업무 시스템을 구축하거나 클라우드 서비스의 업무 시스템을 이용하면 사무실 안이나 밖, 집 등을 불문하고 인터넷을 경유하게 됩니다.

클라우드를 활용한 시스템에서 보안

이처럼 클라우드를 활용한 시스템에서는 인터넷으로 업무 시스템에 접속하므로 LAN이나 인트라넷의 경계 안쪽만 방어하는 보안 대책으로는 대처할 수 없습니다. 이때는 모든 단말기나 트래픽을 검사하고 로그를 남기는 등 '제로 트러스트 네트워크'라고 하는 대책이 필요합니다.

개발과 운영을 신속하게 해 소프트웨어를 개선

소프트웨어 개발 환경도 클라우드화가 진행되고 있습니다. 개발된 소프트웨어는 웹 서비스나 클라우드 시스템으로 이용되는 것이 일반적입니다. 이런 상황에서는 클라우드에서 개발한 시스템을 바로 클라우드에서 이용할 수 있는 상태로 전환할 수 있습니다. 클라우드에서 소프트웨어 개발과 운영을 연계하여 소프트웨어 개선을 신속하게 진행하는 방법을 데브옵스(DevOps)라고 합니다.

memo

6^장

모바일 ·
무선 통신의
구조를 알아보자

모바일 네트워크는 스마트폰이나 휴대 전화 등으로 통신할 때 이용하는 광역 무선통신망입니다. 무선 통신에는 이외에도 Wi-Fi나 LPWA, 블루투스, NFC 등 다양한 종류가 있으며, 용도에 따라 구분하여 사용합니다. 이 장에서는 무선 통신의 규격이나 기술, 종류 등을 설명합니다.

64 모바일 네트워크

휴대 단말기, 기지국, 교환국을 연결하는 네트워크

모바일 네트워크는 휴대 전화나 이동 통신 등에 이용되는 광역 무선 네트워크를 의미합니다. 휴대 단말기, 기지국, 교환국으로 구성되며 휴대 단말기의 통신은 디지털화되어 있습니다.

무선과 전용 회선을 사용하는 모바일 네트워크

휴대 전화나 스마트폰 등에서 이용하는 모바일 네트워크는 휴대 단말기, 기지국, 교환국 등 세 가지 노드로 구성됩니다. 휴대 단말기와 기지국은 무선으로 연결되어 음성이나 데이터를 주고받습니다. 기지국과 교환국 사이는 일반적으로 전용 회선(유선)으로 연결됩니다. 교환국은 전화번호(가입자 식별 번호)로 연결 상대방의 교환국을 찾고, 그 상대방과 연결 가능한 기지국에 연결합니다.

모바일 네트워크에서는 휴대 단말기가 어떤 기지국과 통신할 수 있는지 조사해야 하고, 교환국은 이 정보를 이용하여 연결을 설정합니다. 단말기는 이동하기 때문에 통신 가능한 기지국을 적절히 전환할 필요가 있습니다. 이 기술을 핸드오버라고 합니다.

모바일 네트워크의 통신 방식

휴대 단말기의 모든 통신은 디지털화되어 있습니다. 또 네트워크도 패킷교환망이고 유선 전화와 같은 공중전화교환망(PSTN)과는 다릅니다. 통신 방식으로는 주로 다음과 같은 것들이 있습니다.

- FDMA(주파수 분할 다중 접속): 반송파를 특정 주파수 대역의 채널마다 분할하여 신호를 송신하는 방식입니다. 아날로그 통신 방식의 모바일 네트워크에 이용되었습니다.
- TDMA(시간 분할 다중 접속): 시간별로 채널을 분할하여 다수의 패킷을 전송하는 방식입니다. 이 중 상하 방향으로 같은 주파수 대역을 사용하는 방식을 TDMA/TDD(PHS에서 채택), 다른 주파수 대역을 구분하여 사용하는 방식을 TDMA/FDD라고 합니다.
- CDMA(코드 분할 다중 접속): 동일한 주파수 대역에서 다수의 신호를 전송하는 방식입니다. 스펙트럼 확산으로 노이즈나 간섭 등을 받기 어렵다는 특징이 있습니다.

용어 노트

- 교환국: 지역 내 여러 기지국(안테나)을 통합하여 다른 교환국으로 중계하는 설비를 의미한다.
- 디지털화: 초기 자동차 전화 등 1세대 이동통신시스템(1G)의 모바일 네트워크는 제외한다.
- 반송파: 통신을 하기 위해 기본적으로 사용하는 일정한 주파수의 신호다. 음성이나 데이터 등을 실어 통신하려고 변조한다.
- 다수의 신호를 전송: 여러 송신자의 신호에 서로 다른 코드를 곱하여 각각의 송신자 코드로 연산함으로써 원하는 송신자 데이터를 추출할 수 있다.
- 스펙트럼 확산: 원래 신호를 변조하여 넓은 주파수 대역으로 확산해서 통신하는 기술이다.

❤ 그림 6-1 모바일 네트워크의 통신망

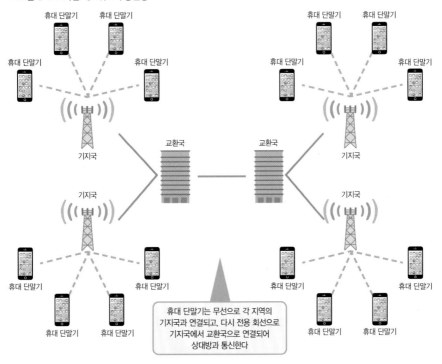

❤ 그림 6-2 모바일 네트워크 통신 방식의 종류

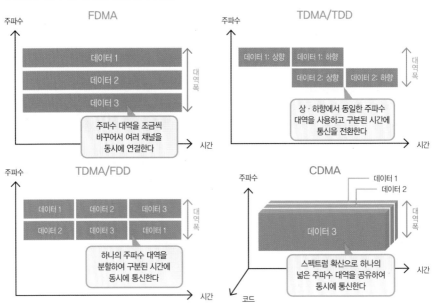

65 4G/5G
모바일 네트워크 통신 규격

모바일 네트워크에는 4G나 5G라는 통신 규격이 사용됩니다. 이 통신 규격은 세대별로 특징이 있으며, AI 개발이나 IoT 기기 보급 등에 대응하고자 더 많은 기술 발전이 요구되고 있습니다.

모바일 네트워크의 각 세대별 특징

4G와 5G는 스마트폰 등 통신 규격을 의미합니다. G는 Generation(세대)의 머리글자로, 통신 방식이나 기술 차이를 나타냅니다.

- 1세대 이동통신시스템(1G): FDMA를 이용한 아날로그 통신 방식의 모바일 네트워크입니다. 자동차 전화(카폰) 등이 여기에 속합니다.

- 2세대 이동통신시스템(2G): 해외에서는 GSM, 일본에서는 PDC(TDMA/FDD)를 이용한 모바일 네트워크입니다. 2G부터 패킷 교환 방식(2장 15절 참조)을 사용했습니다.

- 3세대 이동통신시스템(3G): 주파수나 전송 속도 등을 개선한 모바일 네트워크입니다. TDMA에 더해서 CDMA도 이용되었습니다. 3G를 진화시킨 HSPA나 LTE도 있습니다.

- 4세대 이동통신시스템(4G): 주파수나 변조 방식 등을 개선하여 더욱 빠르고 대용량화된 모바일 네트워크입니다.

- 5세대 이동통신시스템(5G): 10Gbps의 전송 속도, 1밀리초 이내의 통신 지연, 100만 대(1㎢당)의 동시 다수 접속을 실현한 모바일 네트워크입니다.

고속, 대용량, 저지연, 동시 다수 접속 실현

4G와 5G는 ITU(국제전기통신연합)나 3GPP 같은 표준화 단체에서 논의할 때 사용된 용어입니다. 통신 방식이나 기술 등이 발달하면서 각 세대의 모바일 네트워크 성능을 판단하는 지표로도 사용됩니다. 5G는 휴대 단말기를 이용한 4K/8K 콘텐츠 시청, 로봇 원격 조작, IoT 기기나 센서 네트워크(6장 72절 참조) 등에 응용하는 것을 전제로 고속, 대용량, 저지연, 동시 다수 접속을 실현하는 모바일 네트워크로 전개되고 있습니다.

용어 노트

- HSPA: High Speed Packet Access의 약어. 3G의 W-CDMA를 개량하여 주로 하향 방향 통신을 고속화시킨 통신 규격이다.
- LTE: Long Term Evolution의 약어. 3G를 고속·대용량화하여 4G나 5G에 연결하는 통신 규격이다. 통신 방식 OFDMA, 안테나 기술 MIMO, 변조 방식 QAM 등을 조합하여 실현된다. 3.9G라고도 하며, 4G라고 하는 사업자도 있다.
- 4K/8K 콘텐츠: 텔레비전 화면의 해상도는 가로 방향의 화소 수에 따라 4K(4000개)나 8K(8000개)로 표현하는데, 이 해상도에 대응하는 영상 콘텐츠를 의미한다.

▼ 표 6-1 세대별 특징 비교

세대	특징	주파수 대역	전송 속도	통신 방식
1G	아날로그 통신 방식	800MHz	–	FDMA
2G	• 디지털 통신 방식 • 패킷 교환 방식	800MHz, 1.5GHz	2.4~28.8kbps	TDMA/FDD
3G	세계 공통 디지털 통신 방식	700MHz, 1.7GHz, 2.1GHz	384k~110Mbps	CDMA, HSPA, LTE
4G	• 고속화 • 고화질 동영상	700~900MHz, 1.5~3.5MHz	50M~1Gbps	LTE-Advance
5G	• 고속, 대용량 • 저지연 • 동시 다수 접속	3.7GHz, 4.5GHz, 28GHz	1G~50Gbps	OFDMA나 QAM 확장

※ 각 수치는 일본 참고 예시. 국가나 용도에 따라 다르다.

❤ 그림 6-3 5G의 특징

| 고속 · 대용량 | 저지연 | 동시 다수 접속 |

최고 전송 속도
10Gbps
LTE보다 100배 빠른
브로드밴드 서비스
제공

지연
1밀리초 정도
이용자가 지연을 의식하지
못하고, 실시간으로 원격지 로봇
등을 조작 및 제어

접속 기기 수
100만 대/km²
스마트폰이나 PC를 비롯하여
주변의 온갖 기기들이
인터넷에 연결

2시간짜리 영화를
3초 만에 내려받음
(LTE에서는 5분)

로봇 등 정교한 원격 조작을
실시간 통신으로 실현
(LTE보다 10배 정확도)

방 안에서 단말기 약 100개가
인터넷에 연결
(LTE에서는 몇 대 정도)

출처: 총무성 '2021년판 정보통신백서'를 바탕으로 작성

ONE POINT

전파를 변조하여 정보를 싣는다

전파로 정보를 보내려면 '반송파'라고 하는 기본적인 파형의 진폭(상하 세기)이나 주파수, 위상 등을 변화시킴으로써 '정보'를 갖게 합니다. 이렇게 변화시키는 것을 변조라고 합니다. 단적으로 말하면 전파의 파형을 일정한 법칙으로 변화시킴으로써 소리나 비트 데이터 등을 표현하는 것입니다.

66 로컬 5G

특정 구역에 구축하는 5G 네트워크

5G에는 일반 모바일 네트워크 이외에 IoT 기기나 로봇 제어 등에 응용 가능한 사업자를 위한 '로컬 5G'가 있습니다. 공장이나 창고 내부, 상업 시설처럼 제한된 구역에서 서비스에 이용할 수 있습니다.

제한된 범위에서 5G 네트워크 활용

5G는 4.5GHz나 28GHz 같은 높은 주파수 대역을 사용하여 고속 및 대용량 전송을 실현합니다. 높은 주파수 전파는 장애물에 약하고 송수신에 높은 전력이 필요하므로 기지국(안테나)을 4G보다 세밀하게 설치해야 합니다. 예를 들어 스마트폰용 5G 지역을 전국을 대상으로 하는 서비스 수준으로 전개하려면 4G보다 많은 기지국이 필요하지만, 지역을 제한하면 정비가 쉬워집니다.

5G의 저지연 특성은 실시간 로봇 제어, 자율 주행, 공장 내 기계 제어 등에도 효과적입니다. 이런 용도로는 5G 안테나를 공장 안에 설치하는 것으로 충분합니다. 따라서 5G는 통신 사업자가 제공하는 일반 모바일 네트워크 서비스뿐만 아니라 지방 자치 단체, 기업, 공장 또는 공업 단지 등 대형 시설, 특정 구역 등에 전용 5G 네트워크를 구축하는 용도로도 활용할 수 있습니다.

교통이나 공장, 상업 시설 등에서 활용 가능

구체적으로 예를 들면 노선 버스 경로에 5G 네트워크를 구축해서 자율 주행 또는 원격 조종으로 버스를 운행할 수 있습니다. 공장이나 창고에서는 로봇이나 드론과 계속 통신하여 자율적으로 작업하고 자동화를 진행하면서 무인 공장, 무인 창고를 실현하고 있습니다. 상업 시설에서는 입점자나 사업자를 위한 네트워크 서비스를 제공하거나 방문 고객을 대상으로 VR이나 AR을 활용한 서비스를 제공할 수도 있습니다. 로컬 5G는 사업자별로 모바일 네트워크를 구축할 수 있어 보안을 강화할 수 있다는 장점도 있습니다.

용어 노트

- VR이나 AR: VR은 Virtual Reality(가상 현실), AR은 Agmented Reality(증강 현실)의 약어. VR은 전용 고글에 3D의 CG 영상을 투영하여 가상 세계를 체험할 수 있는 기술을 의미한다. 그리고 AR은 카메라에 비치는 현실 영상에 VR 콘텐츠 등을 합성하는 기술을 의미한다.
- 보안: 인터넷이나 불특정 다수가 이용하는 일반적인 5G와는 달리 폐쇄 네트워크이므로 보안이 향상된다.

▼ 그림 6-4 로컬 5G의 용도

노선 버스의 자율 주행

노선 버스의 경로에 5G 네트워크를 구축하고 자율 주행 또는 원격 조작으로 버스를 주행시킨다

기계의 자동 제어

공장 안이나 창고 안에서 로봇이나 드론과 계속 통신하면서 자율적으로 작업을 시킨다

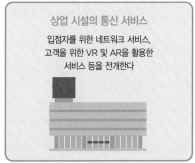

상업 시설의 통신 서비스

입점자를 위한 네트워크 서비스, 고객을 위한 VR 및 AR을 활용한 서비스 등을 전개한다

자택에서 받는 원격 진료

대면 진료가 어려운 지역이나 이동이 곤란한 환자에게 집에서 받는 원격 진료를 실시한다

❤ 그림 6-5 농업 분야에서 로컬 5G를 활용하는 예

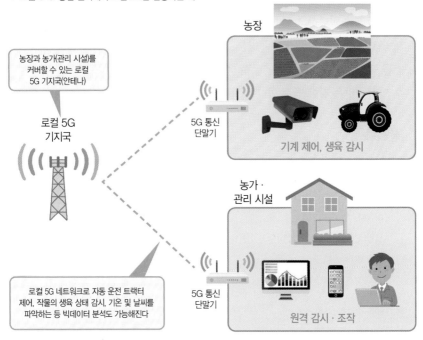

농장과 농가(관리 시설)를
커버할 수 있는 로컬
5G 기지국(안테나)

로컬 5G
기지국

농장

5G 통신
단말기

기계 제어, 생육 감시

농가 ·
관리 시설

로컬 5G 네트워크로 자동 운전 트랙터
제어, 작물의 생육 상태 감시, 기온 및 날씨를
파악하는 등 빅데이터 분석도 가능해진다

5G 통신
단말기

원격 감시 · 조작

67 이동 통신
휴대 단말기를 사용하는 통신 서비스

이동 통신은 이동하면서 스마트폰이나 노트북 등을 사용할 때 필요한 통신 서비스를 의미하기도 하지만, 휴대 단말기 자체를 의미하기도 합니다. 여기에서는 대표적인 통신 서비스 중 하나인 WiMAX를 소개합니다.

2.5GHz 대역을 사용하는 통신 서비스 BWA

넓은 의미에서 이동 통신이란 단말기나 기지국 중 어느 하나 또는 양쪽이 이동할 수 있는 통신 기술을 의미합니다. 그래서 단순히 이동 통신이라고 하면 스마트폰이나 노트북에서 업무용 무선 등 모두 포함합니다. 좁은 의미에서는 휴대 단말기를 사용하는 통신 서비스를 가리키며, BWA(Broadband Wireless Access) 등이 있습니다.

BWA에는 5G와 로컬 5G처럼 통신 사업자를 대상으로 하는 광역 서비스와 특정 구역에 한정되는 서비스 등 이렇게 두 가지가 있습니다. 전자는 모바일 WiMAX라고 하며, 일본에서는 UQ 커뮤니케이션즈가 일반 서비스를 전개하고 있습니다. 후자는 지역 WiMAX라고 하며, 공공 서비스의 향상이나 전파가 도달하기 어려운 지역의 대체 네트워크로서 통신 서비스를 제공하고 있습니다.

BWA는 모두 2.5GHz 대역폭을 이용하며, 통신 방식은 LTE나 OFDMA의 확장 기술을 사용합니다. 또 이동 중에 기지국 영역을 전환하는 핸드오버 기능도 필요합니다.

모바일 WiMAX 서비스

모바일 WiMAX는 현재 'WiMAX 2+'라는 명칭으로 주로 다음과 같은 사양으로 서비스를 제공합니다.

- 주파수 대역: 2.5GHz

- 통신 방식: WiMAX Release 2.1(TD-LTE)

- 통신 속도: 하향 440Mbps, 상향 75Mbps(사양상 최대치)

모바일 WiMAX는 현재 주로 스마트폰이나 노트북용 모바일 Wi-Fi 라우터로 이용되고 있습니다. 터널이나 지하, 건물 내부 등에서는 전파가 도달하기 어렵다는 결점이 있지만, 연결만 되면 안정적인 통신 속도와 품질을 기대할 수 있습니다.

용어 노트

- OFDMA: Orthogonal Frequency Division Multiple Access(직교 주파수 분할 다중 접속)의 약어. 주파수 대역을 세분화하여 다수의 신호를 전송하는 통신 방식이다.
- TD-LTE: TD는 Time Division(시간 분할)의 약어(6장 64절 참조). 상향과 하향에서 시간마다 채널을 분할하여 다수의 패킷을 송신하는 LTE다.
- 모바일 Wi-Fi 라우터: 모바일 네트워크 통신 모듈과 Wi-Fi 액세스 포인트 기능을 갖춘 기기다. 노트북 등을 Wi-Fi로 연결하여 통신사의 모바일 네트워크로 인터넷에 접속할 수 있다.

❤ 그림 6-6 이동 통신의 핸드오버 이미지

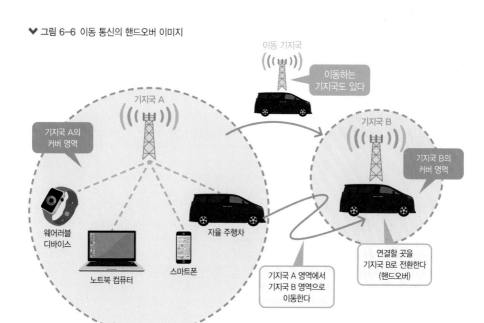

❤ 그림 6-7 모바일 라우터 예

WiMax 모바일 라우터

Speed Wi-Fi NEXT WX06

대응 네트워크: WiMAX 2+, au 4G LTE
외형: 약 111mm×62mm×13.3mm/약 127g
Wi-Fi 규격: IEEE 802.11a/n/ac(5GHz대),
            IEEE 802.11b/g/n(2.4GHz대)
최대 통신 속도: 하향 440Mbps/상향 75Mbps
사진 제공: UQ 커뮤니케이션즈 주식회사

모바일 Wi-Fi 라우터

Galaxy 5G Mobile Wi-Fi SCR01

지원 네트워크: WiMAX 2+, 5G, 4G LTE
외형: 약 147mm×76mm×10.9mm/약 203g
Wi-Fi 규격: IEEE 802.11a/b/g/n/ac
             (2.4GHz대, 5GHz대)
최대 통신 속도: 하향 2.2Gbps/상향 183Mbps
사진 제공: KDDI 주식회사

> 모두 노트북 컴퓨터의 인터넷 연결 등에 이용되며,
> 지하 등에서는 전파가 잘 닿지 않지만 연결되면
> 안정적인 통신 속도를 기대할 수 있다

68 Wi-Fi

IEEE 802.11 시리즈에서
무선 접속을 하는 기술

Wi-Fi는 IEEE 802.11 시리즈의 규격에 따라 무선으로 네트워크에 연결하는 기술입니다. 원래는 업계 단체의 명칭이었지만, 현재는 무선 LAN 규격의 일종으로 정착했습니다.

무선 LAN의 일종인 Wi-Fi

Wi-Fi는 무선 LAN(3장 30절 참조)의 일종으로 IEEE 802.11 시리즈에 규정되어 있습니다. Wi-Fi 규격은 IEEE 802.11 시리즈의 보급 및 촉진을 위한 업계 단체가 책정하며, 현재 와이파이 얼라이언스(Wi-Fi Alliance)에서 대응 기기의 인증 등을 수행하고 있습니다.

Wi-Fi 규격은 이용하는 주파수 대역이나 통신 속도 등에 따라 'a'나 'b' 같은 접미사(3장 31절 참조)를 붙여서 구분합니다.

Wi-Fi 주파수와 전송의 특성

Wi-Fi 장치는 통신에 전파를 사용합니다. Wi-Fi 장치를 이해하려면 전파 특성을 이해해야 합니다. 무선 연결에서는 일반적으로 주파수가 높아질수록 많은 양의 데이터를 전송할 수 있습니다. 그러나 주파수가 높아지면 전파 도달 거리가 짧아지고 수분이나 차폐물 등 영향을 쉽게 받습니다. 따라서 5GHz 대역의 Wi-Fi 규격은 2.4GHz 대역보다 전송 속도가 빠르지만, 차폐물 등으로 전파가 도달하기 어렵습니다. 또 주파수가 높아지면 소비 전력이나 발열량도 커집니다.

높은 주파수 대역에서는 다중화 효율이 좋아집니다. 예를 들어 1회선(채널) 분의 전송에 20MHz 주파수를 할당하면 5.0~5.1GHz 주파수 대역(100MHz)에서는 채널을 5개 사용할 수 있습니다. IEEE 802.11n이나 11ac 등 규격에서는 여러 개의 안테나를 채널별로 할당할 수 있습니다. MIMO라는 기술은 안테나를 묶어 고대역 채널을 만들어 전송 속도를 높입니다. 또 2차원으로 배치된 안테나별로 출력과 위상을 조정하면 특정 방향의 전파 강도를 변경할 수 있습니다. 이것은 빔 포밍이라는 기술입니다.

용어 노트

- 다중화: 통신에서 하나의 전송로로 다수의 신호를 동시에 보내도록 하는 것이다.
- MIMO: Multi Input Multi Output의 약어. 여러 안테나를 사용하여 통신하는 기술이다. 하나의 단말기가 여러 안테나를 동시에 사용할 수 있는 SU-MIMO와 다수의 단말기가 안테나를 공유하는 MU-MIMO가 있다.

❤ 그림 6-8 MIMO 원리

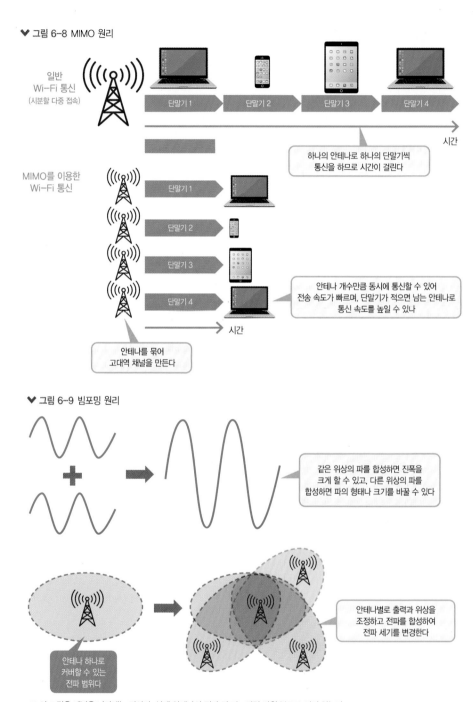

일반
Wi-Fi 통신
(시분할 다중 접속)

단말기 1　단말기 2　단말기 3　단말기 4

시간

하나의 안테나로 하나의 단말기씩
통신을 하므로 시간이 걸린다

MIMO를 이용한
Wi-Fi 통신

단말기 1

단말기 2

단말기 3

단말기 4

시간

안테나 개수만큼 동시에 통신할 수 있어
전송 속도가 빠르며, 단말기가 적으면 남는 안테나로
통신 속도를 높일 수 있나

안테나를 묶어
고대역 채널을 만든다

❤ 그림 6-9 빔포밍 원리

같은 위상의 파를 합성하면 진폭을
크게 할 수 있고, 다른 위상의 파를
합성하면 파의 형태나 크기를 바꿀 수 있다

안테나별로 출력과 위상을
조정하고 전파를 합성하여
전파 세기를 변경한다

안테나 하나로
커버할 수 있는
전파 범위다

※ 이 그림은 개념을 나타내는 것이며, 실제 안테나의 전파 강도는 이런 타원 분포로 되지 않는다.

69 공중 무선 LAN
공공시설이나 점포에서 이용할 수 있는 무선 LAN

공중 무선 LAN은 공항 등 공공시설이나 호텔, 쇼핑몰, 카페 등에 설치된 액세스 포인트입니다. 누구나 접속할 수 있는 무선 LAN으로, 외출해서도 인터넷에 접속할 수 있습니다.

시설이나 점포 등에서 이용할 수 있는 무선 LAN

공항이나 역 등 공공시설이나 호텔, 카페 등에 설치된 액세스 포인트(2장 17절 참조)를 공중 무선 LAN이라고 합니다. 공중 무선 LAN은 이용자 편의를 위해 무료로 인터넷에 접속할 수 있는 경우가 많지만, 유료 서비스도 있습니다. 또 시설이나 상점에서 무료로 제공하는 액세스 포인트라도 무단으로 사용할 수 없도록 이용할 때 계정을 등록해야 하는 경우도 있습니다.

현재 공중 무선 LAN은 스마트폰에 의한 인터넷 트래픽을 분산하는 데 이용하는 경우가 많아졌습니다. Wi-Fi로 인터넷에 접속하면 이용자는 통신량을 절약할 수 있습니다. 많은 이용자가 스마트폰으로 인터넷에 접속하면 사업자도 네트워크 설비를 강화해야 하기 때문에 액세스 포인트로 트래픽을 분산하는 것입니다. 이런 이유에서 사람이 모이는 시설이나 상점에 무료 액세스 포인트가 설치되는 경우가 증가하고 있습니다.

공중 무선 LAN 주의점

무선 LAN의 보안은 안전하지 않습니다(3장 30절 참조). 시설이나 상점에서 철저하게 관리해도 공격자가 무선 LAN에 침입하거나 통신을 도청할 수 있습니다. 공격용 액세스 포인트를 사람이 모이는 곳에 설치해서 자동으로 연결되는 단말을 바이러스에 감염시킬 수도 있습니다. 공중 무선 LAN을 이용할 때는 관리자가 명확하지 않은 액세스 포인트에는 연결하지 않는 편이 좋습니다. 정상적인 액세스 포인트라도 공격자 때문에 오염되어 있을 가능성을 고려해야 합니다.

용어 노트

- 유료 서비스: 액세스 포인트를 유료로 제공하는 사업자와 계약한 시설이나 점포에 설치된
  다. 액세스 포인트의 효괴기 좋아 유료 서비스는 계속 감소하고 있다.

❤ 그림 6-10 공중 무선 LAN의 주요 종류

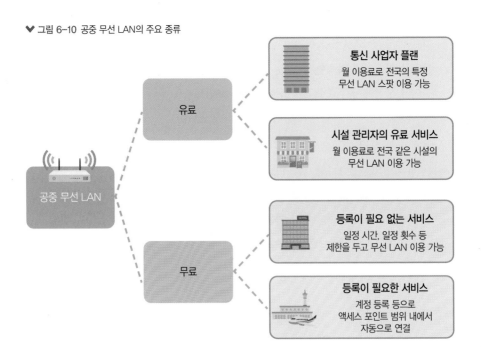

▼ 그림 6-11 공중 LAN 주의점

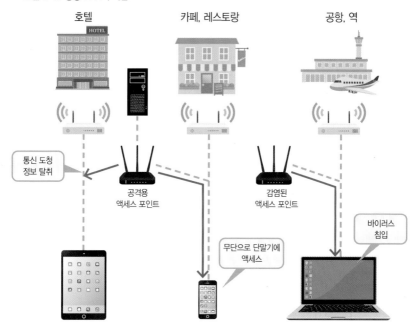

호텔

카페, 레스토랑

공항, 역

통신 도청
정보 탈취

공격용
액세스 포인트

감염된
액세스 포인트

바이러스
침입

무단으로 단말기에
액세스

70 LPWA

저소비 전력 · 장거리 통신을 실현하는 기술

LPWA(Low Power Wide Area)는 저소비 전력과 장거리 통신을 특징으로 하는 무선 통신 기술입니다. 통신 범위는 수 km에서 수십 km 정도로 통신 속도를 100bps에서 1Mbps 정도로 억제하여 저소비 전력을 실현하고 있습니다.

IoT 기기나 임베디드 기기 등에서 사용되는 LPWA

LPWA는 상대적으로 낮은 소비 전력으로 가능한 한 먼 거리까지 통신할 수 있게 하는 무선 통신 기술입니다. 소비 전력을 억제하는 것은 노트북이나 스마트폰 등 이외의 IoT 기기나 임베디드 기기 등 무선 접속이나 인터넷 접속을 용이하게 하기 위해서입니다. 통신 범위도 수 km에서 수십 km 정도를 상정한 규격이 존재합니다.

LPWA는 실외에서 넓은 지역으로 전파를 발생시키기 때문에 면허가 필요한 것과 그렇지 않은 것이 있습니다. 이 차이는 사용하는 주파수 대역과 출력으로 결정됩니다. 면허가 필요한 것은 LTE(6장 65절 참조)를 기반으로 한 통신 방식으로, 모바일 네트워크 사업자에게 할당된 대역(700MHz, 800MHz, 1.5GHz, 2.1GHz)을 사용합니다. 이를 라이선스 밴드라고 합니다. 이와 반대로 주로 920MHz 대역 등을 사용하는 것을 언라이선스 밴드라고 합니다.

LPWA의 통신 거리와 통신 속도

라이선스 밴드의 통신 거리는 모바일 네트워크 사업자의 기지국 범위 내로 제한됩니다. 언라이선스 밴드는 수 km에서 수십 km까지 규격에 따라 차이가 있습니다.

LPWA 용도는 IoT 기기, 임베디드 기기, 업무 시스템이며 노트북 컴퓨터나 스마트폰 등 대용량 데이터 통신은 필요하지 않습니다. 따라서 통신 속도도 100bps에서 1Mbps 정도로 낮추고 저소비 전력을 실현했습니다.

LPWA 응용 사례로는 무선으로 가스나 수도 계량기를 검침하기, 원격 감시 및 조작을 수행하는 스마트 미터, 공원이나 농장의 감시 등이 있습니다.

용어 노트

- 임베디드 기기: 마이크로컴퓨터나 소프트웨어 등이 탑재되어 이것으로 제어되는 가전이나 기기, 기계 등을 의미한다.
- 스마트 미터: 무선 또는 유선 통신 기능을 갖춘 전력 계량기를 의미한다. 전력 사용량 등을 무선으로 전송할 수 있어 사람이 검침할 필요가 없고, 전력 공급 제어도 원격으로 할 수 있어 재해 대응이나 유지 보수에도 효과적이다.

❤ 표 6-2 대표적인 LPWA 규격의 종류

● 라이선스 밴드 LPWA

규격	주파수 대역	통신 속도	통신 거리(기준)
NB-IoT	700MHz, 800MHz, 1.5GHz, 2.1GHz	20~60kbps	기지국 영역
LTE CAT M1	700MHz, 800MHz, 1.5GHz, 2.1GHz	800kbps~1Mbps	기지국 영역

❶ 계속

● 언라이선스 밴드 LPWA

규격	주파수 대역	통신 속도	통신 거리(기준)
Wi-SUN	920MHz	50~300kbps	1km
LoRaWAN	920MHz	250bps~50kbps	10km
ZETA	920MHz	300bps~2.4kbps	10km
Sigfox	920MHz	100~600bps	50km
ELTRES	923.6~928.0MHz	80bps	100km

▼ 그림 6-12 스마트 미터를 활용한 전력공급망 이미지

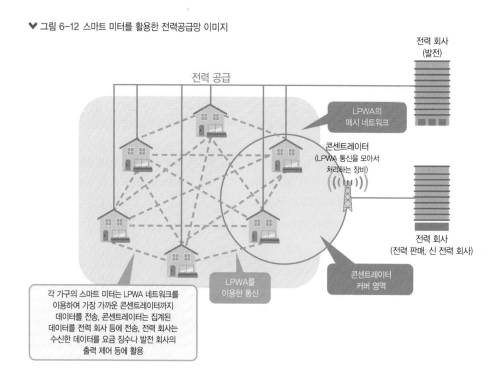

71 블루투스/NFC
근거리에서 주변 기기나 IC 카드와
통신하는 기술

블루투스(bluetooth)와 NFC는 각각 별개의 규격이지만, 근거리 무선 통신을 이용하여 단말기를 연결하는 기술이라는 점은 공통적입니다. 블루투스는 스마트폰과 주변 기기 간 연결에 사용되며, NFC(Near Field Communications)는 비접촉식 IC 카드 통신에 주로 사용됩니다.

소형 전자 단말기용 근거리 통신 규격

블루투스는 Wi-Fi 같은 2.4GHz의 무선 주파수 대역을 사용하는 무선 네트워크 기술입니다. 2.4GHz와 5GHz 대역은 ISM 밴드라고 하며, 원래 산업(industry), 과학(science), 의료(medical) 용도의 장비에 ITU가 할당하던 것입니다. 블루투스는 1994년에 에릭슨이 스마트폰이나 오디오 기기 등 소형 전자 단말기용 근거리 통신 규격으로 고안해서 규격화하기 시작했습니다. 이후 1998년에 노키아, 인텔, 도시바, IBM을 포함한 5개사가 표준화했으며, 2023년 5월 기준으로 5.3 버전이 최신입니다. BLE(Bluetooth Low Energy)는 블루투스 4.0에서 책정된 저소비 전력 규격입니다.

비접촉형 IC 카드 통신 기술

NFC는 블루투스와 마찬가지로 근거리(10cm 이내) 통신 기술입니다. 사용하는 전파는 13.56MHz이며, 블루투스에 비해서 대역폭이 낮습니다. NFC는 더 가까운 거리에서 통신을 가정하고, 전원이 필요하지 않는 등 특징이 있습니다. 블루투스는 페어링 작업으로 기기끼리 연결을 설정하여 여러 번 연결하는 것을 전제로 한 기술이지만, NFC는 임시 연결이나 통신에 적합합니다. 원래 비접촉식 IC 카드 통신 기술로 개발 및 규격화되었습니다. 일본에서는 FeliCa로 보급되었고, 규격으로는 Type A · B · F, ISO/IEC15693 등이 있습니다. 이 중 Type F(ISO/IEC18092)가 FeliCa에 해당하며, 국내외 스마트폰, 웨어러블 디바이스 등에 탑재된 NFC 기능은 이 규격을 준수합니다.

> **용어 노트**
>
> - ITU: International Telecommunication Union(국제전기통신연합)의 약어. 유엔 전문 기관 중 하나다. 전파의 국제적인 분배, 혼신 방지를 위한 국제적인 조정, 이동 통신 등 표준화 촉진 등을 담당한다.
> - BLE: 블루투스의 확장 사양 중 하나다. 저전력이 특징이며, 리튬 전지 하나로 1년 정도 동작이 가능하다고 한다.
> - 13.56MHz: 표준으로 정해진 주파수다. 블루투스는 2.4GHz 대역의 주파수를 이용한다. 주파수가 낮을수록 소비 전력을 낮출 수 있지만, 전송 용량과 속도는 낮아진다.

▼ 표 6-3 블루투스의 버전별 특징

버전	주요 특징
1.x	1Mbps 전송 속도
2.x	3Mbps 전송 속도, 저전력 모드
3.x	24Mbps 전송 속도
4.x	1Mbps 전송 속도, 초전력 모드(BLE) 지원
5.x	2Mbps 전송 속도, 메시 네트워크 지원

❤ 표 6-4 주요 NFC 규격의 종류

종류	주요 용도
Type A	taspo 등
Type B	면허증, 카드 등
Type F(FeliCa)	Suica, Edy, 전자 결제 등
ISO/TEC15693	IC 태그, IC 라벨 등

❤ 그림 6-13 NFC 무선 통신 이미지

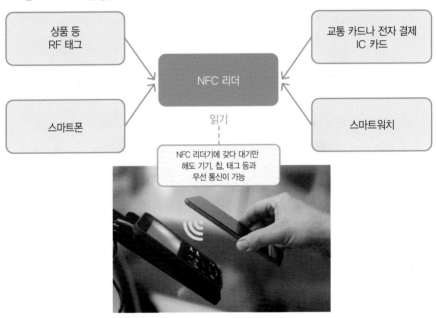

사진 제공: iStock/ by sonmez

72 센서 네트워크
다수의 센서를 연결한 네트워크

센서 네트워크란 IoT 기기 등을 비롯하여 다양한 센서를 연결해서 구성한 네트워크를 의미합니다. 센서 네트워크의 규격에는 IEEE 802.15.4가 있으며, 그 구현 예로 ZigBee가 있습니다.

센서를 연결한 센서 네트워크

센서 네트워크란 온도계, 카메라, 압력 센서, 가속도 센서, 적외선 센서 등을 연결하여 구성한 네트워크입니다. 센서 자체는 측정 데이터 등을 네트워크로 내보내고, 이를 **호스트** 장치나 중앙 관리 호스트가 수집합니다.

네트워크 연결 형태는 스타형이 대부분입니다. 그러나 IoT 기기를 연결하면 말단 노드가 **인텔리전트**하게 자율적으로 작동하는 센서 네트워크도 있습니다. 특히 실제 현장에 응용할 때는 수많은 센서를 전부 유선으로 연결할 수 없기 때문에 무선 연결을 전제로 하는 자율형이 유용합니다. 무선 센서 네트워크의 규격은 IEEE 802.15.4가 대표적입니다. 블루투스(6장 71절 참조)처럼 2.4GHz 대역 주파수를 이용합니다. 통신 속도는 250kbps이지만, 많은 센서를 연결하려고 노드 수는 6만 5535개까지 가능합니다. 센서 데이터의 변조나 도청을 방지하고자 통신은 암호화됩니다.

IEEE 802.15.4를 구현한 ZigBee

IEEE 802.15.4를 구현한 예로 ZigBee라는 규격이 있습니다. ZigBee는 인텔리전트 빌딩이나 공장 등 센서 네트워크에 활용되고 있으며, NASA의 화성 탐사차와 드론의 통신에도 사용되는 기술입니다. ZigBee 네트워크에는 네트워크 관리 기능을 가진 ZigBee 코디네이터를 포함해서 각 노드가 자율적으로 연결되는 메시형과 ZigBee 라우터를 중심으로 하는 스타형이 있으며, 용도에 따라 연결 형태를 선택할 수 있습니다. 각 노드는 소비 전력을 줄이려고 신호가 없을 때는 슬립 모드로 대기하고, 신호가 있으면 몇 초 안에 복귀합니다.

용어 노트

- 호스트 장치: 센서 네트워크에서 데이터 수집이나 센서 제어 등을 하는 단말기를 의미한다.
- 인텔리전트: 노드가 되는 센서나 호스트의 디바이스가 중앙에서 관리하는 서버 등 지시가 없어도 자율적으로 동작하는 것이다.
- IEEE 802.15.4: 센서 네트워킹을 위해 구축된 무선 통신 표준이다.
- 인텔리전트 빌딩: 지능형 빌딩이다. 전력, 에어컨, 방범, 유지 보수 등 기능을 통합하여 집중 관리할 수 있도록 한 건물이다. 이런 관리 및 제어를 위해서는 센서 네트워크가 필수적이다. 스마트 빌딩이라고도 한다.

▼ 그림 6-14 센서 네트워크 이미지

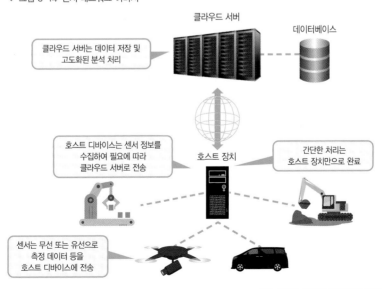

클라우드 서버

데이터베이스

클라우드 서버는 데이터 저장 및 고도화된 분석 처리

호스트 디바이스는 센서 정보를 수집하여 필요에 따라 클라우드 서버로 전송

호스트 장치

간단한 처리는 호스트 장치만으로 완료

센서는 무선 또는 유선으로 측정 데이터 등을 호스트 디바이스에 전송

▼ 그림 6-15 ZigBee가 구성하는 네트워크 이미지

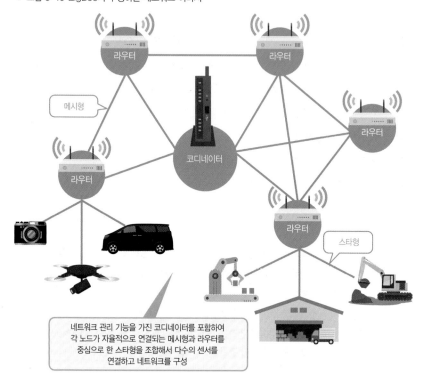

COLUMN 무선 통신과 해저 케이블

어디에서나 통신할 수 있는 무선 통신 실현

전 세계를 연결하는 네트워크를 구축하기 위해서는 모바일 네트워크가 필수적입니다. 오래 전부터 전화에서도 위성을 이용하는 장거리 통신 서비스가 실용화되었습니다.

최근에는 안테나와 중계국을 탑재한 기구나 비행선, 무인 항공기 등을 이용하여 비교적 좁은 지역에서 무선 통신을 가능하게 해 주는 기술도 연구되고 있습니다. 이는 Wi-Fi 액세스 포인트처럼 어디서든 인터넷 연결을 할 수 있는 기술입니다. 이 기술이 실용화되면 바다 위나 사막, 정글 같은 곳에서도 스마트폰이나 휴대 단말기를 자유롭게 사용할 수 있게 될 가능성이 있습니다.

지구를 30바퀴나 돌 수 있는 해저 케이블

인도네시아처럼 많은 섬으로 된 국가에서는 위성을 이용한 고속 및 고대역 무선 통신 기술이 필요합니다. 또 블루투스나 RFID 같은 근거리 통신을 포함한 무선 접속 요구가 증가하고 있지만 유선 접속도 그에 못지않게 중요합니다. 실제로 전 세계로 확장되는 인터넷의 대부분은 유선 접속으로 실현되고 있습니다.

한국과 미국, 유럽 등 태평양과 대서양을 아우르는 연결은 해저 케이블이 담당하고 있습니다. 세계를 연결하는 해저 케이블의 총 길이는 130만 km에 달합니다. 세계 최초의 해저 케이블은 1850년 도버 해협(영국–프랑스)에 부설된 것입니다. 미국과 일본은 1906년 괌과 하와이를 경유해서 연결했습니다.

당시에는 동선을 여러 개 묶은 케이블이었지만, 현재는 대부분 광섬유 케이블을 사용합니다.

해저 케이블은 원격지를 케이블로 연결하는 단순한 구조로 현재도 수요가 있습니다. 정보 통신은 경제 활동의 핵심이기도 하므로 모든 국가는 해외와 대용량 통신 회선으로 연결되기를 원합니다. 게다가 현재는 안보나 보안 측면에서 중요한 나라끼리 연결되는 통신 회선 확보의 필요성도 증가하고 있습니다.

memo

7^장

보안 구조를
알아보자

최근 사이버 공격이 급증하고 있으며, 네트워크를 이용한 파괴, 변조, 데이터 도난 등이 많이 발생하고 있습니다. 악성 코드나 정보 유출 등 위험에 대처하려면 철저한 보안 대책이 필요합니다. 이 장에서는 네트워크상에서 안전하게 통신할 수 있는 기술과 구조 등을 설명합니다.

73 / 보안의 기본과 개념
자산을 보호하는 데 필요한 것

정보 보안은 모든 분야에서 필수적인 요소입니다. 특히 현재 컴퓨터는 네트워크에 연결해서 이용하는 것이 전제되므로 정보 보안은 네트워크 보안이라고도 할 수 있습니다.

정보 보안의 CIA 밸런스

정보 보안에는 기밀성(Confidentiality), 무결성(Integrity), 가용성(Availability)이라는 세 가지 요소로 구성된 CIA 원칙이 있습니다. 기밀성은 적법한 사람만 정보를 이용할 수 있도록 보호 및 관리되는 것을 의미합니다. 무결성은 변경이나 파괴 없이 정보가 올바른 상태로 유지되는 것을 의미합니다. 그리고 가용성은 앞서 말한 올바른 정보들이 적절하게 이용 가능한 상태에 있는 것을 나타냅니다.

기밀성과 무결성은 가용성과 상충하는 경향이 있습니다. 기밀성과 무결성을 높일수록 정보를 이용하거나 변경할 때 제한이 강화되어 가용성이 떨어집니다. 정보 보안에서는 이런 세 가지 요소 사이에서 균형을 잡는 것이 중요합니다.

정보 보안을 검토하는 절차

정보 보안에서는 먼저 '개인이나 조직에서 지켜야 할 가치가 있는 것은 무엇인가'를 고려해야 합니다. 개인의 전화번호인지, 기업의 고객 정보인지, 하드웨어 본체인지 등 보호할 정보 자산을 구체적으로 결정합니다.

다음으로 그 정보 자산이 가지는 위험과 위협을 파악합니다. 자연재해나 정보 유출, 법 개정 등 위험에 대해 어떤 위협(지진이나 해킹, 악성 코드 등)이 있는지 나열합니다.

그리고 나열한 위협에 대해 어떻게 대응할지(하지 않을지) 검토합니다. 구체적으로는 기술적인 대책이나 대응, 조직적인 규칙 등입니다. 사전 대책이나 사후 대응을 고려하면 네트워크 강화 등 기술적인 조치가 필요해집니다.

용어 노트

- 정보 보안: 기업이나 조직이 보호해야 할 정보 자산(종이나 전자 데이터)을 리스트업하고, 그 우선도나 관리 방침 등을 정해서 필요한 대책이나 처치 등을 실시한다.
- 정보 자산: 고객 정보나 직원 정보, 재무 정보 등 기업이나 조직의 활동에서 가치가 있는 정보. 종이, 전자 데이터 등 기록 매체는 상관없다.
- 위험과 위협: 위험(risk)은 손해나 피해를 초래하는 환경이나 가능성을 의미하고, 위협은 위험을 일으키는 구체적인 요인이나 사건을 의미한다.

❤ 그림 7-1 정보 보안의 CIA 요소

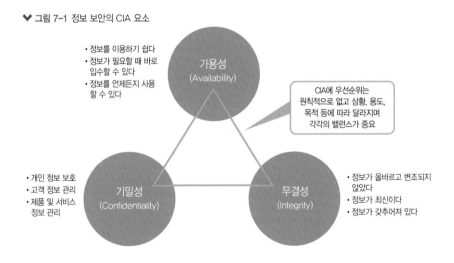

▼ 그림 7-2 보호해야 하는 자산 예

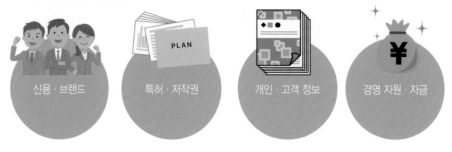

PLAN
신용 · 브랜드
특허 · 저작권
개인 · 고객 정보
경영 자원 · 자금

▼ 그림 7-3 위험과 위협 예

위험

업무나 자산에 손해나 피해를 초래하는 것

- 정보 누설
- 내부 범행
- 사고, 재해, 테러
- 법 개정
- 신용 훼손 등

위협

위험 요소가 되어 피해와 손해를 발생시키는 사건

- 사이버 공격
- 멀웨어
- 랜섬웨어
- 피싱
- 표적형 공격 등

74 멀웨어/컴퓨터 바이러스

악영향을 미치는 소프트웨어나
프로그램

최근 사이버 공격 전체에서 차지하는 멀웨어 비율은 상대적으로 감소하는 경향이 있지만, 여전히 정보 보안 위협 중 하나입니다. 멀웨어에는 다양한 종류가 있으며 적절한 대책이 필요합니다.

컴퓨터 바이러스와 멀웨어의 차이

IPA(일본의 정보처리추진기구) 정의에 따르면 컴퓨터 바이러스는 자기 전염 기능, 잠복 기능, 발병 기능을 가진다고 되어 있습니다. 예전에는 컴퓨터에 위해를 가하는 모든 것을 가리켰지만, 자기 전염 기능이나 잠복 기능 등이 명확하지 않고 침입이나 공격만 하거나 더 복잡한 동작을 하는 악성 코드 등이 증가하고 있습니다. 그러므로 현재는 악의적인 소프트웨어나 프로그램을 모두 일컬어 멀웨어라는 용어를 사용합니다.

악영향을 미치는 멀웨어 종류

멀웨어(malware)란 컴퓨터나 기타 단말기에 악영향을 미치는 악의적인 프로그램이나 소프트웨어를 총칭합니다. 주로 다음과 같은 종류가 있습니다.

- 컴퓨터 바이러스: 자기 전염 기능이 있고 공격까지 잠복 기간이 있습니다. 컴퓨터 바이러스는 단독으로는 존재할 수 없으며, 기존 프로그램에 기생해서 전염됩니다.

- 웜(worm): 네트워크 등을 이용하여 침입하고 독립적으로 전염되며, 다른 프로그램 등 작동에 악영향을 미칩니다.

- 트로이 목마(trojan horse): 일단은 정상적인 소프트웨어나 프로그램으로 위장하여 침입한 후 다른 프로그램 작동에 악영향을 미칩니다. 원칙적으로 본체에 자기 전염 기능은 없습니다.

- 스파이웨어(spyware): 키보드나 마우스 조작, 표시 화면 등을 감시하고 기록해서 외부로 유출시킵니다. 자기 전염 기능은 없습니다.

이외에도 멀웨어 기능에 초점을 맞춘 분류도 있습니다. 이들은 기능에 따라 분류한 것이며, 각각 컴퓨터 바이러스나 웜 등 특징을 겸비한 것도 있습니다.

용어 노트

- 자기 전염 기능: 다른 프로그램에 자신의 사본을 만들어 전염을 확산시키고 증식해 나가는 기능이다.
- 잠복 기능: 일정 기간이나 처리 횟수 등 조건이 충족될 때까지 동작하지 않는 기능이다.
- 발병 기능: 데이터를 파괴하거나 훔치는 컴퓨터에 실제로 악영향을 미치는 동작을 하게 하는 기능이다.

▼ 표 7-1 주요 멀웨어 기능별 분류

종류	기능
다운로더	공격자 서버에서 멀웨어 본체를 내려받아 감염시키는 프로그램
키로거	컴퓨터의 키 조작을 감시하여 기록하고 외부로 유출시키는 프로그램
랜섬웨어	컴퓨터 내 데이터에 암호를 걸거나 공개 등을 빌미로 삼아 그것을 해제하는 대가로 돈을 요구하는 화면을 표시하는 프로그램
RAT	컴퓨터를 원격 조작하거나 데이터를 훔칠 수 있게 하는 프로그램
백도어	컴퓨터에 몰래 침입할 수 있는 뒷문을 만드는 것
루트킷	다운로더나 키로거 등 침입 및 원격 조작에 필요한 도구를 세트로 만든 것
익스플로잇	앱이나 시스템의 취약점을 이용해서 공격하는 프로그램

▼ 그림 7-4 컴퓨터 바이러스, 웜, 트로이 목마의 특징

컴퓨터 바이러스   웜   트로이 목마

외부에서 기생하여
정식 소프트웨어나 기존 프로그램
등을 전염시킨다

컴퓨터에 침입해서
독립적으로 자기 자신을 복제하여
컴퓨터를 공격한다

정식 소프트웨어를 가장하지만
내용은 멀웨어로, 자기 전염
기능은 없다

▼ 그림 7-5 랜섬웨어에서 표시되는 화면 예

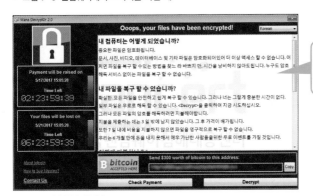

컴퓨터 내 데이터의 암호화나
공개 등을 하고 해제를
대가로 몸값을 요구하는
화면을 표시한다

출처: 한국랜섬웨어침해대응센터

75 암호화 기술
해독 불가능한 상태로 통신하는 기술

암호화는 네트워크 통신에서 필수적인 기술입니다. VPN 등 가상 네트워크는 암호화 기술로 구성됩니다. 통신 내용을 보호하는 목적으로도 암호화 기술이 이용됩니다.

암호화의 기본 개념

암호화란 어떤 방법으로든 데이터를 해독할 수 없는 상태로 변환하는 것입니다. 텍스트 데이터는 암호화하면 의미가 없는 문자열로 변환됩니다. 이때 암호화에 사용된 계산 방법을 알고 있다면 암호화된 데이터에서 원래 데이터로 되돌릴 수 있습니다.

암호화 처리 절차나 계산 방법을 '암호 알고리즘'이라고 하며, 알고리즘 계산에 사용하는 특정한 부호(수치 데이터)를 '키'라고 합니다. 알고리즘(계산 방법)이 알려져 있어도 계산에 사용한 키(특정한 부호)가 없으면 암호화도 복호화도 할 수 없습니다. 암호의 기밀성은 키로 유지됩니다.

해시 함수를 사용한 암호화

암호화 방식에는 키의 특성 등에 따라 주로 공통키 암호화 방식(비밀키 암호화 방식), 공개키 암호화 방식, 해시 함수 이렇게 세 가지가 있습니다. 공통키 암호화 방식과 공개키 암호화 방식의 자세한 내용은 7장 76절에서 설명합니다.

해시 함수란 원본 데이터(평문)에 대해 일정한 처리를 한 결과(해시 값)를 출력하는 함수입니다. 다른 암호화 방식과 달리 암호화에 사용하는 키는 없으며, 키를 사용해서 복호화하는 것도 불가능합니다. 알고리즘상으로 난수나 특별한 파라미터를 사용할 수는 있지만 그것을 알아도 해독할 수 없습니다. 평문과 해시 값은 일대일로 대응되는데, 해시 값을 계산하여 평문으로 되돌리는 것은 거의 불가능합니다. 이런 특성 때문에 비밀번호 저장이나 데이터 변조 방지 등에도 이용됩니다. 해시 함수에서는 같은 데이터에서 반드시 같은 해시 값이 출력되므로 입력한 값을 해시 함수로 처리한 결과와 등록된 값이 일치하는지 여부로 비밀번호를 검증합니다.

> **용어 노트**
>
> - 원래 데이터: 암호화된 데이터를 원래 데이터로 되돌리는 것을 디코딩이라고 한다. 또 원래의 해독 가능한 데이터를 평문, 암호화된 해독 불가능한 데이터를 암호문이라고 한다.
> - 비밀번호 저장: 데이터베이스에 평문으로 패스워드를 저장하거나 키가 있는 암호화 방식으로 저장하는 것보다 해시 값으로 저장하고 입력된 패스워드를 매번 동일한 해시 함수로 처리한 결과를 대조하는 것이 안전하다.

❤ 표 7-2 주요 암호화 방식과 암호 알고리즘

● **주요 암호화 방식의 종류**

암호화 방식	특징
공통키 암호화 방식	암호화와 복호화에 같은 키(공통키)를 사용한다. 공통키를 안전한 방법으로 공유할 필요가 있다.
공개키 암호화 방식	암호화와 복호화에 서로 다른 키(공개키와 개인키)를 사용한다. 공개키는 네트워크에 공개하지만, 공개키와 암호문이 있어도 쌍을 이루는 개인키가 없으면 복호화할 수 없다.
해시 함수	원래의 데이터(평문)에 대해 일정한 처리를 거친 결과(해시 값)를 출력하는 함수로, 키를 사용하지 않고는 복호화가 불가능하다.

◐ 계속

● 주요 암호 알고리즘의 종류

알고리즘	암호화 방식	특징 및 기능
AES	공통키 암호화 방식	VPN(7장 82절 참조)이나 SSL(7장 78절 참조) 등 각종 암호화 통신에서 이용
RC4	공통키 암호화 방식	Wi-Fi(6장 68절 참조)의 WPA2나 SSL에서 이용
RSA	공개키 암호화 방식	HTTPS(4장 43절 참조)나 전자 서명(7장 76절 참조) 등에서 이용
DSA	공개키 암호화 방식	미국 정부용 전자 서명 표준
ECDSA	공개키 암호화 방식	타원 곡선을 이용한 암호화 방식(타원 곡선 암호)이 채택되어 블록체인에서 이용

❤ 그림 7-6 해시 함수를 이용한 암호화

특수한 함수로 평문을 변환(암호화)

해시 함수

원본 데이터(평문)

암호화 기술

출력 데이터(해시 값)

```
cc56d9eb3f26ab39026d38
c26916a19833c5c01ae95
d18c9fc0f1bf24c4e227dd
0e0a75fa4a22048cfe4b03
c3035339b0590330747e9
d44114819d44e53da44e
```

불가역적인 함수로 해시 값에서 원래 데이터로 되돌릴 수 없다

같은 데이터에서는 항상 같은 해시 값이 출력된다

ONE POINT

난수나 특별한 파라미터를 섞어서 처리

해시 값을 출력할 때 원본 데이터를 그대로 사용하지 않고 변환할 때 시간 정보나 특정 값 등 난수나 파라미터를 추가하여 해시 값의 강도를 높이는 방법이 있습니다. 해독 원리로서 올 제로 같은 특수한 입력 값과 출력 값의 관계를 분석하여 해시 값의 역산(복호화)을 시도할 때가 있는데, 이렇게 난수나 파라미터를 섞어서 처리하면 해독하기 어려워집니다.

76 공통키 암호화 방식/ 공개키 암호화 방식

키를 사용하여 암호화·복호화하는 기술

키를 사용한 암호화 방식에는 공통키 암호화 방식과 공개키 암호화 방식 이렇게 두 종류가 있으며, 네트워크의 기밀성과 패킷의 무결성 등을 유지하는 데 필요한 기술입니다. 공개키 암호화 방식의 구조는 전자 서명에도 응용하고 있습니다.

공통키 암호화 방식과 공개키 암호화 방식의 차이

암호화에 사용하는 키(공통키)를 데이터 송신자와 수신자가 양쪽에서 비밀리에 공유하여 암호화 통신을 수행하는 방식을 '공통키 암호화 방식'이라고 합니다. 이 방식에서는 공통키를 안전하게 공유해야 하는데, 네트워크로 교환할 때 유출될 위험이 있습니다.

반면에 암호화와 복호화에 키(공개키와 개인키)를 2개 사용하여 암호화 통신을 수행하는 방식을 '공개키 암호화 방식'이라고 합니다. 송신자는 수신자가 공유한 공개키를 사용하여 원본 데이터를 암호화한 후 전송합니다. 암호화된 데이터는 수신자가 가진 개인키로만 복호화할 수 있으므로 암호화 통신이 성립합니다. 암호화와 복호화에 사용하는 키가 다르기 때문에 복호화에 사용하는 개인키를 자신만 알고 있으면 네트워크로 공개키를 전송해도 안전합니다.

공개키 암호화 방식은 공개키를 네트워크상에서 공유할 수 있으므로 HTTPS 통신(4장 43절 참조)이나 VPN 통신(7장 82절 참조)의 네고시에이션(4장 48절 참조), 키 교환, 전자 서명 등에 이용됩니다.

공개키 암호화 방식을 역으로 사용한 전자 서명

공개키 암호화 방식에서는 앞서 설명한 흐름과 반대로 송신자가 자신의 개인키로 데이터를 암호화해서 전송하면, 수신자는 공개키로 데이터를 복호화할 수 있습니다. 이래서는 암호화 통신이 성립되지 않습니다. 하지만 암호화된 데이터를 송신자의 공개키로 복호화할 수 있다는 사실은 해당 데이터가 송신자만 가지고 있는 개인키로 암호화되었다는 것을 증명합니다. 이 원리를 응용한 것이 전자 서명(디지털 서명)입니다. 이 증명을 확실하게 하려면 공개키가 위조되지 않은 송신자 것임이 증명되어야 합니다. 이 역할은 인증 기관(7장 77절 참조)이 담당합니다.

용어 노트

- 네고시에이션: HTTPS 통신이나 VPN 통신(IPsec 등)에서는 세션별로 안전한 비밀키를 생성하고자 네고시에이션을 할 때 공통키 암호를 이용한 사전 키 생성 및 암호화 통신을 한다.
- 위조: 계정 정보, IP 주소, URL, 전자 서명 등을 가장해서 특정 사용자 및 호스트를 사칭한다. 공개키 소유자가 위조되었다면 확인할 수단이 없다. 공개키가 정당한 소유자인지 아닌지 인증 기관의 증명이 필요해진다.

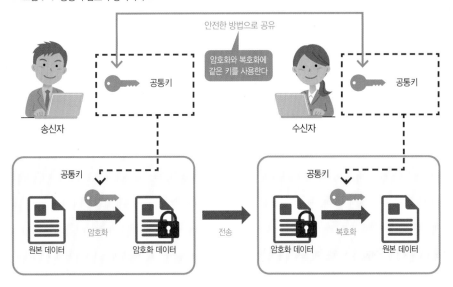

❤ 그림 7-7 공통키 암호화 방식의 구조

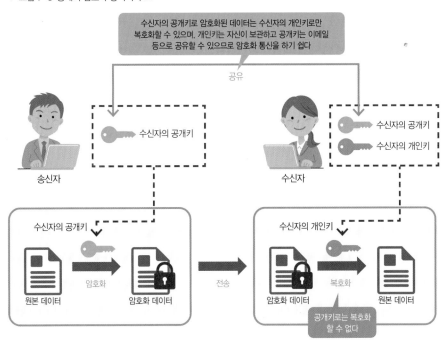

❤ 그림 7-8 공개키 암호화 방식의 구조

77 서버 인증서/인증 기관
접속할 곳의 정당성을 증명하는 구조

공개키 암호 방식을 사용하면 접속한 곳이 위장된 웹 페이지나 공격자의 웹 페이지가 아닌 것도 증명할 수 있습니다. 이 증명에는 서버 인증서가 이용되며, 이 인증서를 발급하는 것이 인증 기관입니다.

본인 인증을 위한 서버 인증서

웹 페이지에 비밀번호나 신용 카드 번호처럼 민감한 정보를 입력할 때는 타인에게 노출되지 않도록 통신을 암호화해야만 합니다. 하지만 통신이 암호화되어 있더라도 접속한 곳이 위조된 웹 페이지나 공격자의 웹 페이지라면 의미가 없습니다. 이를 방지하고자 사용되는 것이 서버 인증서입니다. 서버 인증서는 공개키 암호화 방식을 이용한 전자 서명을 통해 인증 기관(CA)이 본인임을 인증해 주는 인터넷상의 체계입니다. HTTPS 통신에서는 패킷을 암호화하기 전에 접속한 곳에서 서버 인증서를 받아 정당성을 검증합니다. 정당한 웹 페이지라면 연결되는 곳의 웹 서버와 암호화 방식이나 키 정보를 교환하고 암호화 통신을 시작합니다.

서버 인증서를 발행하는 인증 기관

인증 기관은 HTTPS 통신 등에서 서버 인증서를 발급하고, 접속하는 웹 서버 등 적법성을 인증하는 기관입니다. 서버 인증서는 인증 기관 서버에서 발급됩니다.

기업이 자사 사이트에서 HTTPS 통신을 지원하려면 기업이나 웹 서버 등 정보를 인증 기관에 등록해야 합니다. 등록할 때는 기업의 등기부를 확인하거나 대면이나 전화로 실존하는 기업인지 확인하여 웹 사이트를 인증하는 과정을 거칩니다. 웹 사이트에는 서버 인증서와 함께 공개키 암호화 방식의 개인키와 공개키 쌍이 발급됩니다.

HTTPS 통신에서는 웹 브라우저가 HTTPS 통신 요청을 하면 웹 서버는 서버 인증서와 공개키를 반환합니다. 웹 브라우저는 서버 인증서를 인증 기관에 확인합니다.

용어 노트

- 암호화: 암호화 대책을 위해 암호화 통신 기능을 가진 HTTPS 프로토콜을 표준으로 이용하게 되었다.
- 인증 기관 서버: 인증 기관이 운영하는 서버다. 공개키가 정당한지 등록 정보와 대조해서 인증한다.

❤ 그림 7-9 서버 인증서와 공개키 암호화 방식을 이용한 전자 서명

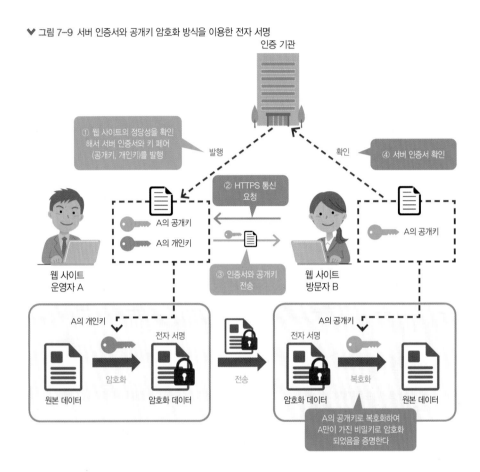

HTTPS 통신의 기능인 암호화 통신과 웹 사이트의 실체 인증

HTTPS 통신에는 암호화 통신 기능과 함께 서버 인증서를 이용하여 웹 사이트가 실제로 운영되는지 검증하는 두 가지 기능이 있습니다. 예전에는 신용 카드 번호 입력 페이지 등 안전한 통신이 필요한 웹 페이지에서만 HTTPS 통신을 지원했지만, 현재는 보안 대책 측면에서 HTTPS에 따른 암호화 통신이 표준이 되었습니다.

인증 기관에서 발행하는 서버 인증서는 유료인데, 금액에 따라 온라인에서 인증서가 발행되는 것이나 등기부 등을 엄격하게 확인하고 발행되는 것 등 차이가 있습니다. HTTPS 통신이 필수가 되면서 무료로 인증서를 발행하는 인증 기관도 등장했습니다. 현재 HTTPS 통신은 웹 사이트의 실체를 검증하는 것보다 암호화 통신 기능으로서 지위가 강해졌습니다.

78 SSL/TLS

암호화 통신 프로토콜

SSL과 TLS는 암호화 통신을 수행하는 절차를 규정한 프로토콜입니다. 공개키 암호화 방식을 이용하여 연결 대상의 정당성을 확인한 후 암호화 통신에 필요한 키를 생성하고, 패킷 암호화와 복호화를 실행합니다.

SSL을 개량해서 TLS를 설계

SSL(Secure Socket Layer)과 TLS(Transport Layer Security)는 모두 웹 브라우저와 웹 서버 간 통신을 암호화하는 프로토콜입니다. HTTPS 프로토콜(4장 43절 참조)에는 암호화를 위한 상세한 절차를 규정하지 않아 웹 브라우저에 구현된 SSL 프로토콜이 사용되었습니다. SSL은 웹 브라우저 개발사에서 만든 프로토콜이었기 때문에 인터넷 기술 표준화 단체인 IETF가 TLS로 다시 설계하여 인터넷 표준으로 삼았습니다.

TLS는 SSL을 계승하여 설계되었지만 둘 사이에 엄격한 호환성은 없습니다. 이후 SSL과 TLS 1.1 이전의 프로토콜에 취약성이 발견되어 사용을 권장하지 않게 되었고, 현재는 TLS 1.2와 TLS 1.3이 정식 프로토콜입니다.

TLS를 이용한 암호화 통신

TLS에 의한 암호화 통신은 공개키 암호화 방식(7장 76절 참조)을 이용합니다. 웹 브라우저는 웹 서버에서 서버 인증서와 공개키를 받아 인증서를 검증합니다. 또 웹 브라우저는 받은 공개키로 암호화 통신용 키 생성에 필요한 정보(난수)를 암호화해서 웹 서버에 보냅니다.

웹 서버는 그 난수를 개인키로 복호화하여 암호화 통신용 키를 생성합니다. 이 방법으로 키 자체를 네트워크로 내보내지 않으면서 웹 브라우저와 웹 서버 사이에서 암호화 통신용 키를 공유합니다. 키를 공유하고 나면 암호화 통신을 실시합니다. 이후 웹 브라우저와 웹 서버 사이에서 주고받는 데이터는 암호화되어 네트워크상의 기기로 사칭이나 도청, 변조 등을 막을 수 있습니다.

> **용어 노트**
>
> - 웹 브라우저 개발사: SSL은 당시 주로 사용되던 웹 브라우저 'Netscape Navigator'의 개발사인 넷스케이프 커뮤니케이션즈에서 개발했다.
> - 암호화 통신용 키: 암호화 통신을 위해 공유하는 키를 의미한다. 웹 브라우저 측은 공개키로 키 생성에 필요한 난수를 암호화하고, 웹 서버 측에서는 개인키로 난수를 복호화하여 서로 암호화 통신용 키를 생성해서 공유할 수 있다.

▼ 그림 7-10 SSL에서 TLS로 개량되는 과정

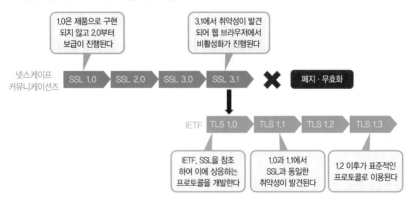

❤ 그림 7-11 TLS을 이용한 암호화 통신 이미지

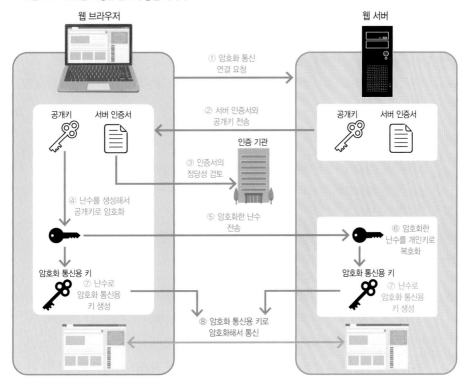

79 방화벽
외부에서 오는 공격을 제어하는 구조

방화벽(firewall)은 네트워크 세그먼트 경계에 설치되는 게이트웨이(3장 32절 참조)의 일종입니다. 주된 역할은 외부에서 들어오는 불필요한 패킷이나 수상한 접속 등을 차단하는 것입니다.

보안 대책의 기본이 되는 방화벽

네트워크 보안 대책의 가장 기본적인 구조 중 하나가 방화벽입니다. 일반적으로 인터넷과 LAN의 경계인 에지 라우터 바로 뒤(내부)에 설치됩니다. 방화벽 기능은 패킷의 종류와 내용을 확인하여 LAN 내부로 통과시킬지 여부를 결정합니다. 라우터는 패킷의 IP 주소를 확인해서 자신이 관리하는 LAN으로 전송되는지 여부를 기준으로 하지만, 방화벽은 패킷의 IP 주소, 포트 번호, 패킷 내용 정보를 확인해서 통과 여부를 제어합니다. 실제 라우터에는 방화벽 기능이 탑재된 제품도 있습니다.

방화벽 종류

방화벽은 패킷을 체크하는 정도나 방법에 따라 패킷 필터링형과 게이트웨이형으로 분류할 수 있습니다. 전자는 주로 IP 주소나 포트 번호를 기준으로 통과시킬 패킷을 제어합니다. 후자는 네트워크의 게이트웨이로서 모든 통신을 제어합니다. 네트워크 내부와 외부 모두 방화벽이 창구 역할을 하기 때문에 **프록시형**이라고도 합니다.

또 패킷 필터링형은 스태틱형, 다이내믹형, 스테이트풀형 이렇게 세 종류로 나눌 수 있습니다. 스태틱형은 차단하거나 통과시킬 IP 주소나 포트 번호를 고정 리스트로 관리하는 방식입니다. 다이내믹형은 특정 통신에 대한 응답이면 허용하는 등 동적인 리스트로 관리합니다. 스테이트풀형은 패킷 단독이 아니라 프로토콜 순서도 감시하여 부정한 액세스를 차단합니다.

용어 노트

- 패킷 내용: 여기에서는 패킷의 헤더, 페이로드 등 정보를 의미한다. 일반적으로 방화벽은 IP 주소와 포트 번호로 제어하지만, 제품에 따라 세부적인 정보를 읽어 특정 앱의 액세스를 제한하는 제품도 있다.
- 프록시형: 프록시란 인터넷과 LAN 경계에서 패킷 출입을 대행해서 처리하는 기능을 의미한다. 패킷 제어나 액세스 부하의 분산, 보안 대책 등으로 프록시 서버를 경유시킬 때가 있다.

❤ 그림 7-12 패킷 필터링형과 게이트웨이형의 특징

패킷 필터링형

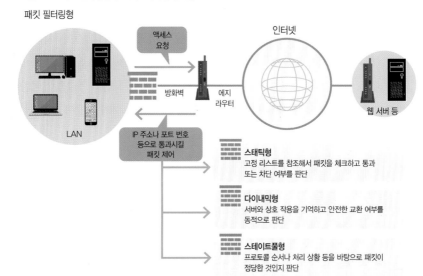

게이트웨이형(프록시형)

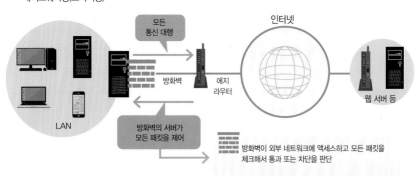

국가 수준에서 통신을 제어하는 GFW

방화벽은 일반적으로 인터넷(WAN)과 기업이나 조직의 인트라넷(내부 LAN) 경계에 설치합니다. 이 개념을 국경까지 확장한 것이 중국의 GFW(Great FireWall)입니다. GFW는 중국 국내외를 오가는 통신을 제어하고 있으며, 중국 정부가 금지한 웹 사이트에서 오는 통신이나 금지된 웹 사이트로 연결하는 통신을 IP 주소나 URL 등으로 차단합니다. 이처럼 인터넷 액세스를 제어하는(제어하려는) 국가로는 러시아, 벨라루스, 우즈베키스탄, 이란 등이 있습니다.

80

DMZ
내부 네트워크와 분리시킨 세그먼트

DMZ(DeMilitarized Zone)는 외부 네트워크와 내부 네트워크 사이에 설치하는 네트워크상의 세그먼트를 의미합니다. 외부 액세스가 필요한 서버와 외부에 공개하지 않는 내부 네트워크를 모두 보호하는 데 이용됩니다.

공개 서버와 내부 네트워크 보호

DMZ(비무장 지대)란 내부 네트워크를 외부 공격에서 보호하려고 방화벽(7장 79절 참조) 등으로 격리된 네트워크상의 세그먼트입니다. 일반적으로는 외부에 공개하는 웹 서버나 메일 서버 등을 배치합니다.

예를 들어 웹 서버는 웹 사이트를 인터넷에 공개할 때 인터넷을 통해 웹 서버에 액세스할 수 있게 합니다. 이때 웹 서버는 에지 라우터보다 안쪽 세그먼트에 두게 되는데, 외부에서 오는 무작위 패킷이 내부까지 도달하는 것은 보안상 위험 요소가 됩니다. 그래서 웹 서버를 배치한 세그먼트를 방화벽 등으로 격리해서 내부 네트워크를 보호하는 것입니다. DMZ는 외부에 직접 공개하지 않는 내부 네트워크를 2단계로 보호하는 세그먼트입니다.

라우터 등을 활용한 DMZ의 다양화

실제 네트워크에서는 DMZ 앞뒤로 방화벽을 배치하기도 합니다. 라우터 제품에는 방화벽 기능을 갖춘 제품이나 DMZ 설정 기능을 갖춘 제품 등이 있어 유연하게 DMZ 환경을 구축할 수 있습니다.

NETWORK

7장 보안 구조를 알아보자 **273**

라우터, 게이트웨이, 방화벽은 네트워크 장비로서 개별 하드웨어로 되어 있을 때가 많지만, 이들 장비의 내부는 서버(컴퓨터)와 차이가 없습니다. 네트워크 장비는 패킷을 읽어야 하므로 내부에서는 서버 OS가 작동하며, 애플리케이션 기능으로 라우팅(2장 24절 참조)이나 필터링 등을 합니다.

▼ 그림 7-13 DMZ로 세그먼트를 격리한 네트워크 이미지

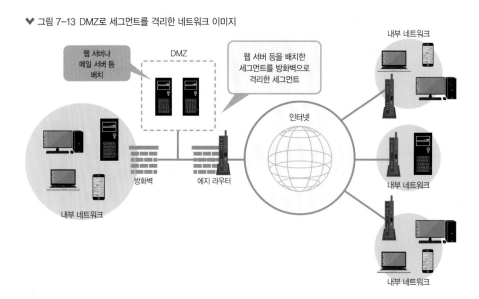

▼ 그림 7-14 DMZ에서 방화벽 역할

● 방화벽이 2개인 경우

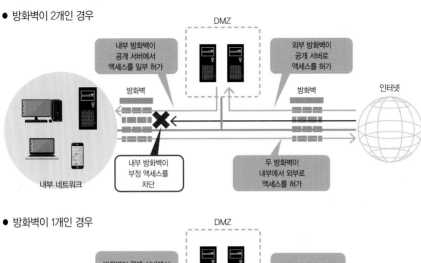

● 방화벽이 1개인 경우

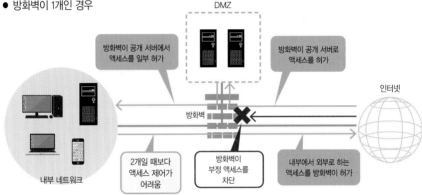

81 IDS/IPS
내부 네트워크로 침입을 탐지하는 시스템

사이버 공격이 고도화되면서 기존 방화벽으로 막을 수 없는 공격도 등장하고 있습니다. 방화벽으로 패킷 입구를 강화하는 것뿐만 아니라 내부 네트워크 침입을 탐지하고 방지하는 시스템도 필요합니다.

부정한 패킷의 침입을 탐지하는 IDS와 IPS

방화벽(7장 79절 참조)의 방어 정책은 입구의 방어벽을 높이고 검문을 강화하여 내부 안전을 확보하는 것입니다. 그러나 공격자 수법이 고도화되면서 입구만 강화해서는 침입을 막을 수 없게 되었습니다. 따라서 부정한 패킷이 통과한 후 내부에서 침입을 탐지하고 제거할 수 있는 시스템도 필요합니다. IDS(Intrusion Detection System)는 부정한 패킷의 침입을 탐지하고, IPS(Intrusion Prevention System)는 부정한 패킷을 탐지하여 방지하는 시스템입니다. 탐지 방법은 방화벽의 스테이트풀형과 마찬가지로 IP 주소나 포트 번호뿐만 아니라 프로토콜 순서와 처리 상황 등도 검증합니다. IDS와 IPS는 설치 장소에 따라 호스트형과 네트워크형으로 나눕니다. 호스트형은 서버에 소프트웨어로 설치되어 부정한 패킷을 검사합니다. 네트워크형은 네트워크상에서 흐르는 패킷을 감시합니다.

다양한 공격을 방어하는 시스템

IDS와 IPS, 고기능 방화벽은 차세대 방화벽(NGFW)이라고도 합니다. 패킷 내용이나 프로토콜 순서, 처리 상황, 앱별 패킷 동작 등 IP 주소나 포트 번호 등 다양한 요소로 검증합니다. 이외에도 SQL 인젝션, XSS, CSRF처럼 웹 사이트의 취약점을 노린 공격에서 보호하는 WAF(Web Application Firewall), IDS, 안티바이러스, 로그 감시 등 여러 기능을 방화벽에 통합한 UTM(Unified Threat Management) 같은 시스템도 있습니다.

용어 노트

- 방어 정책: 방화벽 등 보안 제품의 설정 방침을 의미한다.
- SQL 인젝션: 데이터베이스를 이용하는 웹 사이트에 대해 예상되지 않은 문자열 등을 삽입시켜 부정한 조작을 하는 공격 수법이다.
- XSS: Cross Site Scripting의 약어. 공격자가 표적으로 하는 웹 사이트에 간이 프로그램을 설치하여 방문자의 컴퓨터에서 부정하게 실행시키는 공격 수법이다.
- CSRF: Cross-Site Request Forgeries의 약어. 공격자가 방문자에게 위조된 URL을 열게 하여 표시된 웹 사이트에서 뭔가 조작을 하도록 하는 공격 기법이다.

▼ 그림 7-15 IDS와 IPS 기능

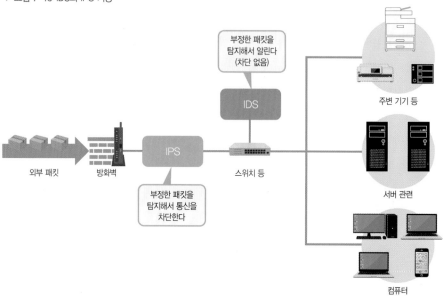

▼ 그림 7-16 UTM 기능

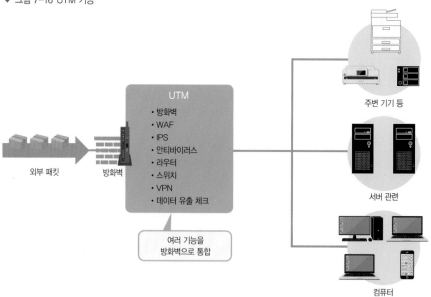

82 VPN/터널

네트워크 내 가상의 전용선을
구축하는 기술

VPN(Virtual Private Network)은 일반에 공개되어 불특정 다수와 연결되는 네트
워크에 특정 상대만 이용할 수 있는 전용선을 가상으로 구축하는 기술입니다.
VPN 통신은 암호화 등으로 보호됩니다.

인터넷 등에 가상 전용선을 구축한다

VPN은 인터넷처럼 공개된(불특정 다수와 연결된) 네트워크에 가상 전용선을
구축하는 기술입니다. 호스트(일반적으로 라우터)를 VPN으로 연결하면 연결
대상과 교환하는 패킷이 암호화됩니다. VPN 통신의 패킷은 다른 패킷과 마찬
가지로 여러 라우터를 거쳐서 연결 대상까지 도달하지만, 중계하는 라우터는
패킷 내용을 해독할 수 없으므로 경로는 보호된 상태입니다.

이런 기술을 터널이라고 합니다. 하지만 터널이라는 용어는 본래 프로토콜의
패킷을 그대로 다른 프로토콜의 패킷에 실어 전송하는 기술을 가리키며, 경로
암호화는 필수 요소가 아닙니다. 경로 내에 다른 프로토콜의 네트워크가 있을
때는 패킷을 원활하게 전달할 수 있는 터널을 사용하는 것이 유용합니다. 또 이
런 처리를 캡슐화라고도 합니다.

암호화와 터널을 구현하는 VPN 프로토콜

VPN의 대표적인 프로토콜에는 IPsec, L2TP, PPTP, SSL-VPN이 있습니다. IPsec은 연결 대상의 인증 기능과 패킷의 암호화 기능을 갖춘 프로토콜로, 인터넷 표준이 되었습니다. L2TP는 패킷 암호화는 하지 않고 터널로 연결 대상과 전용 경로를 구축하는 프로토콜입니다. PPTP는 윈도에서 표준으로 사용되던 프로토콜입니다. SSL-VPN은 SSL(세션 계층 프로토콜)을 사용하므로 웹 브라우저 연결을 VPN으로 사용하고자 할 때 이용합니다. SSL-VPN은 HTTPS를 사용해서 암호화와 터널을 구현합니다.

> **용어 노트**
>
> - 캡슐화: 프로그래밍 등에서 이용되는 용어다. 데이터나 조작 등을 하나의 객체로 묶어 내부 상태를 숨긴 채 다룰 수 있도록 하는 것이다.
> - L2TP: 암호화가 필요할 때는 L2TP와 IPsec을 조합하는 경우가 많다.

▼ 그림 7-17 VPN으로 LAN끼리 연결하는 이미지

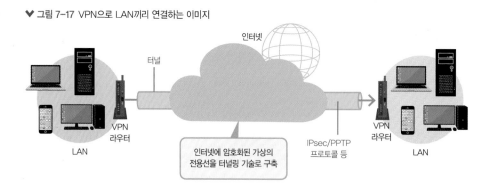

▼ 그림 7-18 단말과 LAN의 VPN 연결 이미지

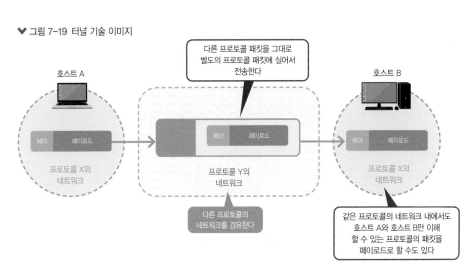

인터넷

터널

원격 단말

L2TP/IPsec
프로토콜 등

VPN
라우터

LAN

▼ 그림 7-19 터널 기술 이미지

다른 프로토콜 패킷을 그대로
별도의 프로토콜 패킷에 실어서
전송한다

호스트 A

호스트 B

헤더   페이로드

헤더   페이로드

헤더   페이로드

프로토콜 X의
네트워크

프로토콜 Y의
네트워크

프로토콜 X의
네트워크

다른 프로토콜의
네트워크를 경유한다

같은 프로토콜의 네트워크 내에서도
호스트 A와 호스트 B만 이해
할 수 있는 프로토콜의 패킷을
페이로드로 할 수도 있다

83 트래픽 감시/로그 감시
네트워크 이상을 검출하는 방법

네트워크를 안전하게 보호하는 데 액세스 제어 및 통신 암호화뿐만 아니라 트래픽 및 로그 감시도 중요합니다. 최근에는 AI를 이용하여 감시를 자동화하기도 합니다.

이상 검출을 위한 트래픽이나 로그 감시

보안을 높은 수준으로 유지하려면 네트워크 상태를 항상 감시하고 검증하는 것이 중요합니다. 네트워크 상태를 늘 파악해 두지 않으면 이상이 발생해도 이전부터 지속되던 문제인지, 갑작스럽게 발생한 문제인지 알 수 없습니다. 또 서버나 앱 등 취약성 공격, 비정상적인 프로그램을 사용하는 침입, 정상 사용자로 위장하는 침입 등 공격 기술도 다양해지고 있습니다. 해킹된 계정을 이용해서 정상적으로 로그인하면 비정상적인 작업을 탐지하기가 어려워집니다.

네트워크에서 수상한 동작을 검출하려면 네트워크 트래픽을 감시해야 합니다. 예를 들어 평소 발생하지 않는 해외 접속이나 통신 등이 있는지 확인합니다. 또 서버의 이벤트 로그를 확인하여 수상한 통신, 중요 데이터에 대한 액세스나 로그인 오류 등이 있는지 확인합니다.

트래픽 감시와 로그 감시 방법

트래픽 감시는 차세대 방화벽(7장 81절 참조)과 같은 고기능인 제품이나 패킷 캡처 기능이 있는 네트워크 기기를 이용합니다. 이런 장비의 기능을 이용하면 네트워크를 흐르는 패킷을 상시 체크할 수 있으므로 거의 실시간으로 이상을 탐지할 수 있습니다.

또 로그 감시는 서버의 로그 파일을 소프트웨어로 해석합니다. 로그 파일에 남아 있는 공격이나 이상 등 흔적을 체크하여 이상이 발생하지 않았는지 조사합니다. 로그 감시는 과거 발생 상황을 조사하게 됩니다.

용어 노트

- 정상 사용자로 위장하는 침입: 위장 메일 등으로 개인 정보를 입수하는 피싱이나 고객 등을 가장하여 특정 표적에서 정보를 취득하는 표적형 공격 등으로 계정 정보를 입수하는 수법이 늘고 있다.
- 이벤트 로그: 컴퓨터나 서버 등에서 발생한 API 호출, 프로세스 메시지, 경고, 오류, 조작 이력 등을 시계열로 기록한 데이터다.
- 패킷 캡처 기능: 네트워크에 흐르는 패킷을 캡처하여 그 내용을 표시(시각화)하거나 분석, 집계 등을 수행하는 기능이다.

❤ 그림 7-20 트래픽 감시와 로그 감시 시스템 이미지

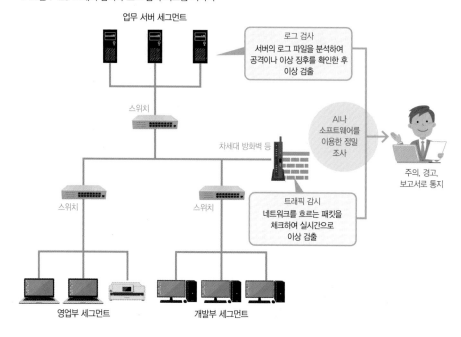

업무 서버 세그먼트

로그 검사
서버의 로그 파일을 분석하여
공격이나 이상 징후를 확인한 후
이상 검출

스위치

AI나
소프트웨어를
이용한 정밀
조사

차세대 방화벽 등

주의, 경고,
보고서로 통지

스위치   스위치

트래픽 감시
네트워크를 흐르는 패킷을
체크하여 실시간으로
이상 검출

영업부 세그먼트   개발부 세그먼트

❤ 그림 7-21 패킷 캡처 예

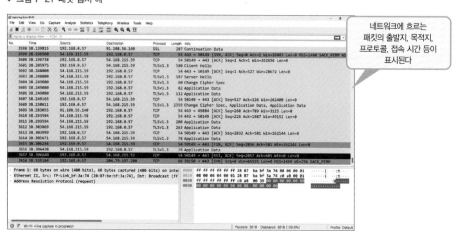

네트워크에 흐르는
패킷의 출발지, 목적지,
프로토콜, 접속 시간 등이
표시된다